CHANSONS ALLEMANDES

APPROPRIÉES A LA JEUNESSE

DESTINÉES A SERVIR A L'ENSEIGNEMENT DE L'ALLEMAND

ET SUIVIES D'UN VOCABULAIRE DES MOTS CONTENUS DANS LE [illegible]

JULES EISSEN

Ancien professeur [illegible] allemande au lycée Charlemagne

professeur à l'École Monge

[illegible]
[illegible] haben keine Lieder.
[illegible]

PARIS

LIBRAIRIE [illegible]

[illegible] BOULEVARD [illegible]

1876

CHOIX

DE

CHANSONS ALLEMANDES

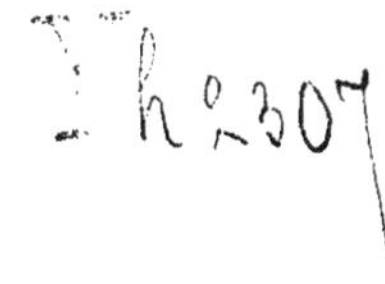

A LA MÊME LIBRAIRIE

Rhythmes et Rimes. Textes anglais en vers; avec traduction, exercices et grammaire. Ouvrage publié à l'usage des classes de huitième et de septième; par MM. Kuhff et Eissen. 1 vol. in-12, broché, 3 fr.

PARIS. — IMPRIMERIE DE E. MARTINET, RUE MIGNON, 2

CHOIX

DE

CHANSONS ALLEMANDES

APPROPRIÉES A LA JEUNESSE

DESTINÉES A SERVIR A L'ENSEIGNEMENT DE L'ALLEMAND

ET SUIVIES D'UN VOCABULAIRE DES MOTS CONTENUS DANS LE VOLUME

PAR

JULES EISSEN

Ancien professeur des langues anglaise et allemande au lycée Charlemagne
professeur à l'École Monge

Wo man singt, da lass dich frœhlich nieder
Bœse Menschen haben keine Lieder.

SEUME.

PARIS

LIBRAIRIE HACHETTE ET Cie

79, BOULEVARD SAINT-GERMAIN, 79

1876

PRÉFACE

Un de mes plus jeunes élèves, un enfant de dix ans, rentrait joyeux un soir chez ses parents. « Si tu savais, dit-il à sa mère, même avant de l'embrasser, si tu savais comme nous nous sommes amusés aujourd'hui à la classe d'allemand! » — « Comment? Mais on ne t'envoie pas à l'école pour cela! » — « Laisse donc dire... le Professeur nous a fait chanter. Oh! la jolie chanson que celle du moulin! Tic, tic, tic, tac, tac, tac! En allemand, c'est joli, joli! Je vous raconterai après dîner, quand papa et petite sœur seront là. » La maman était étonnée. Jusqu'à ce jour son fils, à la rentrée de la classe, ne se souvenait que des consignes données à ses camarades ou de celles qu'il avait su éluder en échappant à l'œil du maître : c'était la seule attention dont il fût capable. Mais ce soir-là, il était tout transformé : teint animé, main fraîche, gaîté sur tout le visage. Il n'eût pas été plus heureux après la représentation la plus amusante! — « Demain, dit la mère, sans doute pour éprouver si l'enthousiasme était bien sincère, demain, tu n'iras pas à l'école. Je te mènerai à Passy jouer avec ton cousin Pierre. » — « Demain! c'est impossible! nous commençons une ronde : je suis dans les barytons. » — « Pas possible! » La veille il eût accepté avec joie la proposition. La mère était de plus en plus intriguée. Mais à cette surprise agréable se mêlait un peu d'inquiétude au sujet de la nouvelle et étrange méthode inaugurée par le professeur.

Au dessert, mon écolier avait accaparé la parole et ne la quittait plus. Il finit par amener à ses petites idées la mère, le père, la petite sœur, et jusqu'à la vieille domestique.

A mon tour maintenant d'exposer en quelques mots ma méthode aux parents et aux maîtres à qui je dédie ce petit livre. Qui sait si je ne gagnerai pas ma cause auprès d'eux comme je l'ai gagnée auprès de l'enfant?

Il ne faut pas oublier que les enfants sont des enfants. Il ne faut pas oublier que nous l'avons été nous-mêmes. Ne leur demandons pas plus qu'ils ne peuvent donner. En général, jusqu'à l'âge de seize ans environ, ils ne voient dans le collége qu'une prison plus ou moins triste où ils n'apportent d'ardeur que dans leurs jeux. Tel élève, que vous avez vu s'animer, s'échauffer en récréation, demeure pendant la classe, la tête appuyée sur le coude, la moitié du corps en dehors de son banc, l'œil dans la cour ou au plafond, l'esprit partout excepté à la leçon, les jambes jetées loin devant lui, se redressant comme un automate à l'avertissement du maître et feignant pour faire croire qu'il suit, en remuant les lèvres, de répéter ce qu'il n'a ni écouté ni entendu, retombant enfin dans la même somnolence dès que le professeur ne le regarde plus.

Sur trente élèves à peu près qui composent une classe, y en a-t-il plus de cinq qui soient réellement attentifs? J'en appelle à tous mes collègues. Oui, il est matériellement impossible qu'un enfant apporte à l'étude difficile de l'allemand, si l'on reste dans les théories et les explications techniques, une attention de plus de vingt minutes.

Puisqu'au collége les enfants n'apportent d'ardeur que dans leurs jeux, transportons leurs jeux en classe, et battons-les par leurs propres armes. Rendons l'étude aimable, gaie, joyeuse. Faisons un effort, chers collègues. Soyons moins vieux, moins sévères, moins graves, si nous voulons être compris, être écoutés, être aimés. Un vieux professeur de Paris, homme aussi distingué que modeste, me disait l'autre jour : « Quand le soir, après mes deux classes, — il fait la sixième, — je reconnais qu'aucun élève n'a bâillé, comme Titus, je trouve que je n'ai point perdu ma journée. » — Mon collègue avait raison : il ne faut pas qu'un enfant bâille en classe. Il faut soutenir cette attention difficile à fixer, mais enfin qui existe chez l'enfant; seulement elle aime à se disperser. Concentrons-la. Le professeur doit chercher à distraire son petit monde s'il veut l'instruire, et l'instruire avec fruit. La sévérité des reproches ou la rigueur des châtiments nullement tempérées soit par le sourire du visage, soit par la douceur de la voix, n'arrivent qu'à des résultats imparfaits : le professeur est craint peut-être; il n'est pas aimé. Des enfants n'ont pas confiance dans un maître qu'ils n'aiment pas : sans confiance, point de progrès.

Je vais parler de ce qui me concerne.

La méthode ordinaire dans l'enseignement de la langue allemande ne peut convenir à la moyenne des élèves. Elle est trop difficile et j'ajouterai même trop uniforme. *L'uniformité ne convient pas plus aux enfants que la métaphysique.* Elle exige de grands efforts de travail et de volonté. Il n'y a que les forts de la classe qui peuvent la suivre avec quelque fruit. Mais le devoir du professeur est de s'occuper de tous, des *faibles* surtout, et c'est pour lui souvent mieux qu'un devoir, c'est un plaisir, quelque laborieux qu'il soit, de triompher, à force de courage et de persévérance, des natures les plus rebelles. Le mérite véritable n'est que là; son cœur, quand son devoir ne l'y engagerait pas, le pousserait dans cette voie généreuse. Cherchons donc le moyen d'intéresser toute la classe à l'étude de la langue allemande. Souhaitons que tous l'apprennent sans se rebuter aux premiers pas! Il n'y a pas que des aigles parmi les oiseaux du ciel. Mieux vaut toute une classe qui comprend et qui sait un peu, que deux ou trois élèves distingués avec une longue et triste queue d'indifférents ou d'ignorants.

J'apprends l'allemand à mes élèves en les faisant chanter. Les poésies que j'ai choisies ne doivent point être jugées au point de vue du goût, mais surtout de l'intérêt qu'ils offrent à de jeunes esprits. N'oublions pas que nous avons affaire à de tout jeunes enfants qui en sont encore aux premiers bégayements de la langue. On sait comme, dans nos écoles, les leçons de vers sont toujours mieux sues et plus facilement retenues que les leçons de prose. Un enfant vous récitera sans changer de place une syllabe dix fables de La Fontaine ou un acte d'Athalie, et serait bien embarrassé de répéter quinze lignes de Buffon, de Bossuet ou de Labruyère. Eh bien! croyez-vous que sa mémoire ne sera pas encore plus fidèle si vous lui donnez à retenir des poésies qui, outre le rhythme, ont encore la cadence? Et puis le chant ne répond-il point à un besoin de la nature des gens gais et heureux? Qui donc sera gai et heureux sinon l'enfant? Vous connaissez la belle parole de Seume : « Là où l'on chante, tu peux t'arrêter en toute sécurité : les méchants n'ont point de chansons ! » Ce n'est pas tout. Avec l'ancienne méthode, l'enfant apprend sa grammaire seul, fait son devoir seul, récite seul. Avec celle que j'essaie d'exposer, il n'est plus isolé. On jouait aux barres, aux voleurs, aux chevaux, plusieurs réunis en récréation : en classe on se trouve réunis encore, les voleurs d'un côté avec les chevaux et les prisonniers ; et de l'autre, les gendarmes, les libérateurs et les cochers ; les uns sont ténors et barytons, les autres basses. Voilà le jeu qui vient aux secours de l'étude ! Écoutez-les. Ils chantent. Aucun n'est distrait. Les sons harmonieux qu'ils font entendre avec leur voix fraîche et pure jettent dans les cœurs une douce et salutaire émotion. Ils s'écoutent chanter pour ainsi dire. Ils se sourient les uns aux autres. Il est évident que le même morceau, péniblement annoncé en classe, eût été perdu pour eux. Ils eussent regardé cette lecture comme une corvée, et tout ce qui se fait sans plaisir se fait sans profit. Mais en chantant cette poésie, en l'accentuant, à leur insu ils décomposent les mots dans la phrase, les syllabes dans les mots, les lettres dans les syllabes : ils arrivent à une prononciation pure, nette, distincte. Ils savent par cœur presque sans l'avoir appris, rien qu'en le répétant en chœur, le texte qu'ils viennent de chanter.

J'aime beaucoup à suivre les enfants dans leurs jeux. Le temps est-il beau ? Ils prennent leurs ébats dans la cour et exercent ainsi leur activité naturelle. Ce sont les barres, les courses à la balle, le saut de mouton. Le temps est mauvais. Il faut aller au préau couvert ou rester à l'étude. L'espace manque, mais l'invention point. On ne peut courir. On se consolera bien vite. On joue à deviner des métiers par groupe de quatre. Deux sont ensemble contre deux adversaires. Les deux compagnons se disent tout bas à l'oreille un métier dont ils n'indiquent aux deux autres que la première et la dernière lettre, et les voilà imitant les gestes qui se font dans le métier qu'ils donnent à deviner. Encore un jeu que je leur prends et transporte dans la classe ! Dans la chanson, il est question, je suppose, d'un meunier. Les uns, par gestes, font aller le moulin ; les autres, toujours par gestes, portent des sacs de farine. C'est une marche militaire : ils marquent le pas, approchent de la bouche leur poing fermé qui imite la trompette, ou frappent l'air en cadence de leurs index fermés : C'est le tambour qui bat..., etc., etc., etc...

Je classerai ces chants en trois groupes : 1° l'École et les Jeux ; 2° les Champs et la Forêt ; 3° Marches militaires et Promenades. Je vais donner ici quelques échantillons, et je terminerai par là ma trop longue préface.

POUR LES PETITS ENFANTS

I. — JEUX

I

« Quand les petits enfants sont sages, ils sont toujours contents, et, pourvu qu'ils soient très-gais, ils feront tous comme cela. »

(Et alors les enfants imitent un métier quelconque, par exemple : le scieur de bois, le batteur en grange, le semeur, le cordonnier, le tailleur, etc., etc., etc.)

Les enfants imitent les gestes d'un de leurs camarades désigné par le maître. Pour les tout petits, ce genre d'exercice offre un attrait tout particulier.

II

1. — « Les montres, chers enfants, n'ont pas de repos; en été comme en hiver, elles marchent toujours : tic, tac, tic, tac, tic, tac, tic, tac, tic. »

2. — « Les horloges dans les clochers sont placées bien haut; elles marchent, et, malgré le tonnerre qui gronde, elles qui n'ont pas peur, continuent de marquer l'heure ! »

3. — « Les pendules vont déjà plus vite, et n'en finissent plus avec leur tic, tac, leur tac, tic. »

4. — « Les petites montres courent, et courent sans trêve ni repos : elles feraient bien cent lieues à l'heure. »

(En faisant participer à ce chant des enfants d'âge différent, et, quand c'est possible, de taille graduée, on pourra l'exécuter comme canon à trois voix.)

« Les horloges font tic, tac. »

« Les pendules font tic, tac, tic, tac, tic, tac, tic, tac. »

« Les montres font ti que, ta que, ti que, ta que, ti que, ta que, tic. »

III

1. — « Entends-tu le moulin claqueter, claqueter au bord du ruisseau écumant : clip, clap ? Nuit et jour le meunier s'occupe, clap, clip ! Il moud le blé qui devient le pain nourrissant, et pourvu que nous ayons du pain, tout va bien : clip, clap; clap, clip ! »

2. — « Les roues rapidement se meuvent et font tourner la

meule : clip, clap ! Elles changent pour nous le blé en farine blanche : clap, clip ! Le boulanger pétrit la blanche farine pour le régal des enfants : clip, clap ! »

3. — « Quand les champs portent une riche moisson de blé : clip, clap ! le moulin tourne vite, vite tourne : clap, clip ! Et pourvu que le ciel toujours nous donne du pain, tout ira bien. Nous sommes les bénis de Dieu : clap, clip ! »

(Dans ce jeu les enfants imitent le clapotement de l'eau sur les roues du moulin en tapant des mains alternativement sur la table : le clip clap se rend par des battements de mains.)

II. — GYMNASTIQUE

I. — MARCHE DES GYMNASTES

1. — « Le vaillant gymnaste s'en va au loin, et tout en marchant il aime à répéter une fraîche et joyeuse chanson. Cela lève et gonfle la jeune et libre poitrine. »

2. — « Les maisons, les murs ! on y étouffe, on manque d'air : il faut que le gymnaste soit libre au milieu de la nature et sous le ciel bleu. Au-dessus de lui la belle tente céleste, devant lui les vastes plaines et la forêt immense ! »

3. — « Libre et dégagé comme l'oiseau qui plane au haut des airs, le gymnaste partout vit joyeux et gai. Que la liberté soit toujours notre cri de ralliement, et que notre devise reste : Gai, pieux et libre ! »

II. — LE PETIT VOLONTAIRE

1. — « La patrie t'appelle. Petit soldat, porte ton fusil. As-tu la poudre ? As-tu la balle ?

» Petit soldat, répète le refrain : hop, hop, hop ! Petit cheval, au galop ! »

2. — « Petit soldat, mets à ton côté gauche un sabre bien trempé. Quand l'ennemi chargera, fais le coup de feu et tire ton épée ! »

Refrain : Petit soldat, etc.

3. — « Un coursier pour galoper ; deux éperons en argent ; brides et rênes pour le diriger, quand il se cabrera dans sa fougue guerrière. »

Refrain : Petit soldat, etc.

4. — « Une moustache sur la lèvre, sur la tête un casque. Sans moustache et sans casque, sonnerait la trompette, triste sire on te verrait ! »

Refrain : Petit soldat, etc.

III. LES PROMENADES

1. — MARCHE DES CHASSEURS

(Ici le ton change. Nous ne parlons plus à de petits enfants, mais à leurs aînés, à de jeunes gens qui déjà sentent le besoin de s'élever).

1. — « Dans la forêt et sur la bruyère je cherche mes plaisirs ; je suis chasseur : hanter la forêt et les bois, voilà mon bonheur ! »

Refrain : Halli, hallo, halli, hallo ! Voilà mon bonheur !

2. — « J'attends la perdrix à la course rapide, la bécasse au vol sinueux. Sangliers, chevreuils et cerfs : je ne sais pas les manquer ! Le renard, le renard lui-même me laisse sa fourrure. »

Refrain : Halli, hallo, etc.

3. — « Pas un rouge liard dans ma poche ; une petite goutte dans mon bidon, un morceau de pain bis, mon chien fidèle à mes côtés pendant que je parcours la forêt. Je n'ai alors aucun souci ! »

Refrain : Halli, hallo, etc.

II. — ADIEUX DU CHASSEUR A LA FORÊT

1. — « Qui donc, ô forêt, t'a plantée là-haut sur la montagne ? Je veux glorifier le Créateur aussi longtemps que résonnera ma voix. Adieu, adieu, belle forêt, adieu ! »

2. — « Les bruits du monde nous arrivent d'en bas confusément : là-haut les chevreuils paissent sur ces sommets solitaires. Nous continuons notre route en chantant, et l'écho bavard répète nos gais refrains. Adieu, etc. »

3. — « Nos promesses échangées dans le pieux recueillement de la forêt, nous jurons de les tenir religieusement dans le cours de notre vie. Les vieux amis resteront unis jusqu'à ce que le dernier chant aura cessé de retentir. Adieu, adieu, belle forêt ; adieu ! »

Afin de rendre ce recueil aussi intéressant que possible, nous l'avons fait suivre d'un Vocabulaire dans lequel tous les mots des textes sont expliqués. Nous nous faisons un plaisir de constater que M. Haeber, correcteur à l'Imprimerie Nationale, qui a bien voulu se charger de ce travail, s'en est acquitté à notre entière satisfaction.

JULES EISSEN.

TABLE DES MATIÈRES

1re PARTIE. — L'École.

2e PARTIE. — Les Champs et la Forêt.

3e PARTIE. — Marches, Chants patriotiques, etc.

FIN DE LA TABLE DES MATIÈRES.

PREMIÈRE PARTIE

L'École

1. L'ÉCOLIER.

q r s t u v w,
x yp - si lon z, o weh!
kann ja nicht ler - nen das A - B - C.

2. LES MÉTIERS.

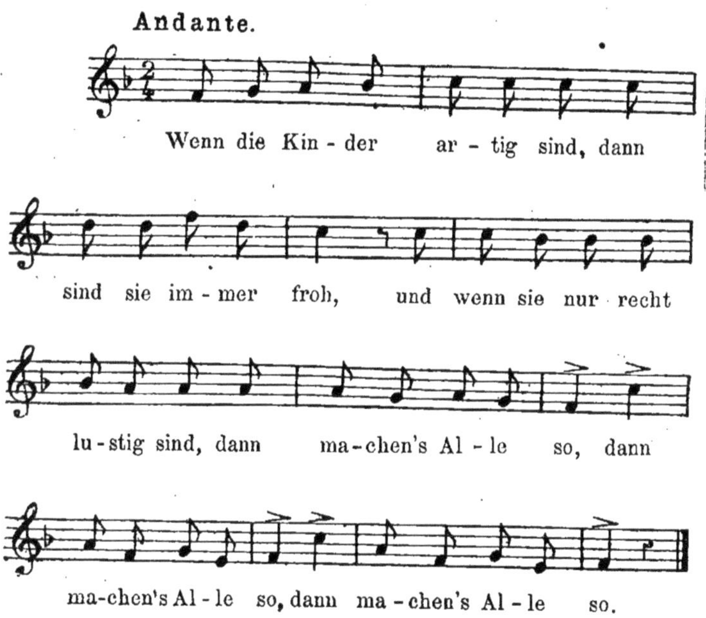

3. LES HORLOGES.

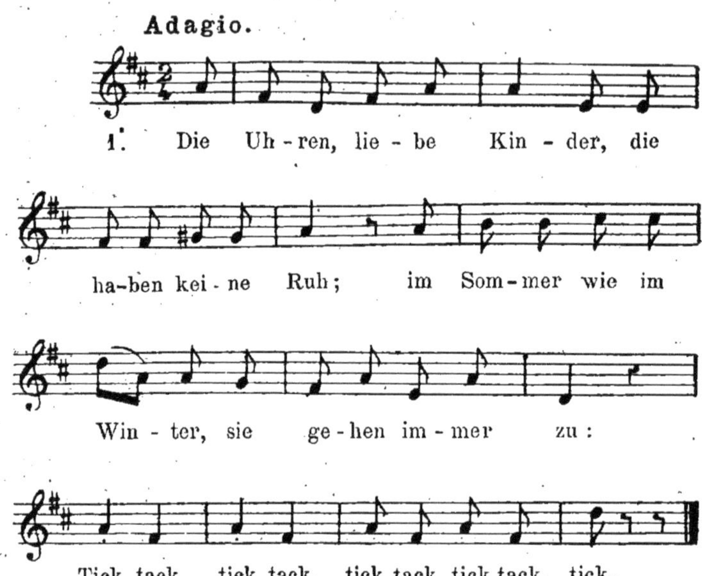

2. Die Uhren auf den Thürmen, die sind gar hoch gestellt, sie geh'n, und mag's auch stürmen, ganz ruhig durch die Welt: Tick tack, etc.

3. Die Uhren an den Wænden, die gehen rascher schon, und wollen gar nicht enden mit immer gleichem Ton : Tick tack, etc.

4. Die kleinen aber eilen und haben keine Zeit, die mœchten hundert Meilen wohl in der Stunde weit : Tick tack, etc.

5. Die Uhren, liebe Kinder, die haben keine Ruh'; im Sommer und im Winter, sie gehen immer zu : Tick tack, etc.

FR. ANTES.

Canon à trois voix.

4. LE MOULIN.

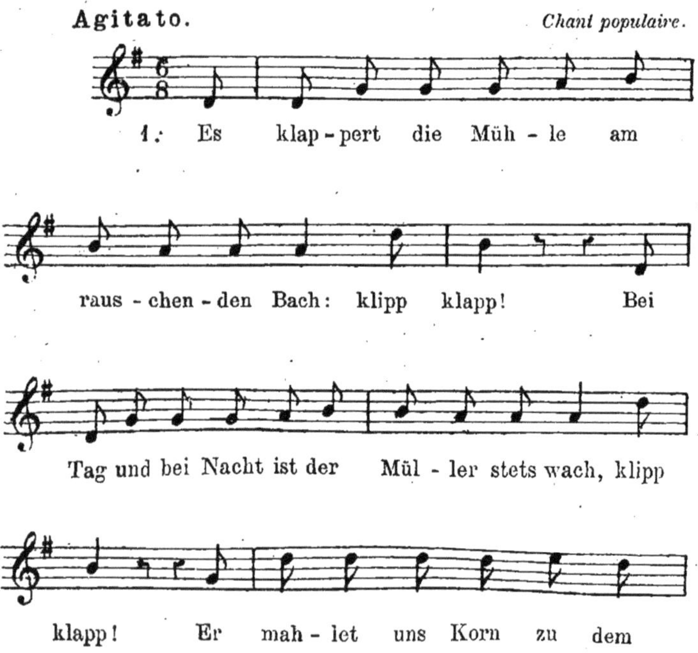
Agitato.
Chant populaire.
1. Es klap-pert die Müh-le am
raus-chen-den Bach: klipp klapp! Bei
Tag und bei Nacht ist der Mül-ler stets wach, klipp
klapp! Er mah-let uns Korn zu dem

2. Flink laufen die Ræder und brechen den Stein, klipp klapp! und mahlen den Weizen zu Mehl uns so fein, klipp klapp! Der Bæcker dann Zwieback und Kuchen draus bæckt, der immer den Kindern besonders gut schmeckt. Klipp klapp, etc.

3. Wenn reichliche Kœrner das Ackerfeld trægt, klipp klapp! die Mühle dann flink ihre Ræder bewegt, klipp klapp! Und schenkt uns der Himmel nur immerdar Brod, so sind wir geborgen und leiden nicht Noth. Klipp klapp, etc.

E. Anchütz.

5. CANONS.

A deux voix.

2. Moderato.

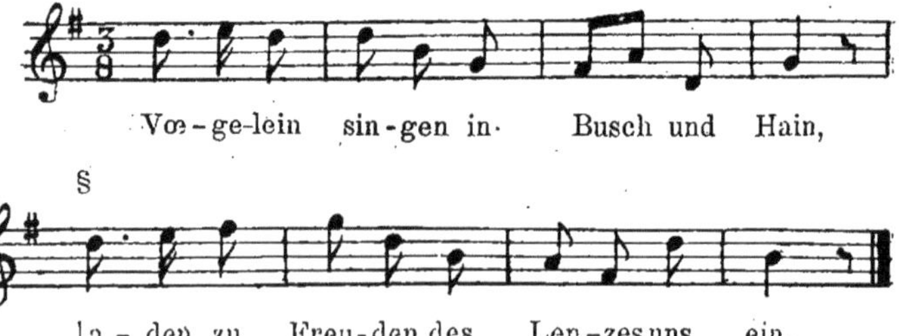

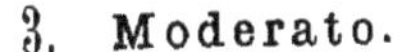

3. **Moderato.**

A trois voix.

4.

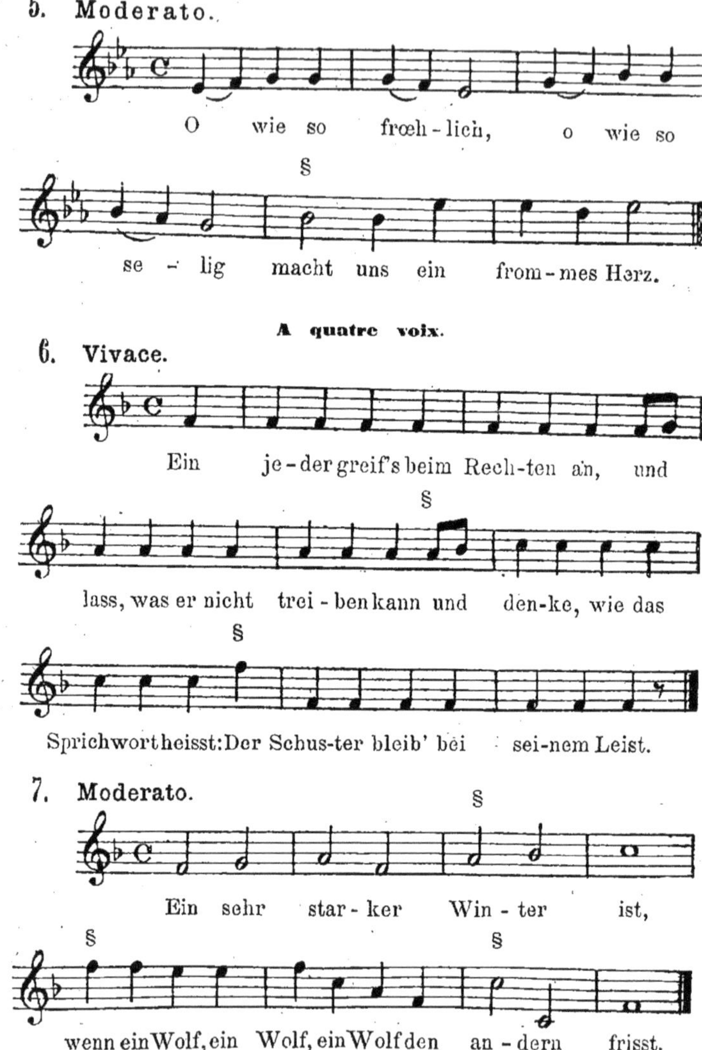
5. Moderato.
O wie so frœh - lich, o wie so
se - lig macht uns ein from - mes Herz.
A quatre voix.
6. Vivace.
Ein je - der greif's beim Rech-ten an, und
lass, was er nicht trei - ben kann und den-ke, wie das
Sprichwort heisst: Der Schus-ter bleib' bei sei-nem Leist.
7. Moderato.
Ein sehr star - ker Win - ter ist,
wenn ein Wolf, ein Wolf, ein Wolf den an - dern frisst.

6. LE SAPIN.

Chant populaire.
CHANT.
PIANO.
1. O Tan-nen-baum, o
Tan-nen-baum, wie treu sind dei-ne

Blaet - ter! Du grünst nicht nur zur
Som-mer-zeit, nein, auch im Win - ter,
wenn es schneit. O Tan-nen-baum, o

2. | : O Tannenbaum, : | du kannst mir sehr gefallen. Wie of hat nicht zur Weihnachtszeit ein Baum von dir mich hoch erfreut!
| : O Tannenbaum, : | du kannst mir sehr gefallen!

3. | : O Tannenbaum, : | dein Kleid will mich was lehren : die Hoffnung und Bestændigkeit gibt Trost und Kraft zu jeder Zeit.
| : O Tannenbaum, : | das soll dein Kleid mich lehren!

E. Anschütz.

7. LE RENARD ET L'OIE.

her! sonst wird sie der Jæ-ger ho-len
mit dem Schiess-ge - wehr, sonst wird sie der
Jæ - ger ho - len mit dem Schiess-ge-wehr.

2. Seine grosse lange Flinte schiesst auf dich den Schrot, schiesst auf dich den Schrot, dass dich faerbt die rothe Tinte, und dann bist du todt, dass dich færbt die rothe Tinte, und dann bist du todt!

3. Liebes Füchslein, lass dir rathen, sei doch nur kein Dieb, sei doch nur kein Dieb; nimm, du brauchst nicht Gænsebraten, mit der Maus fürlieb, nimm, du brauchst nicht Gænsebraten, mit der Maus fürlieb.

E. Anschütz.

8. LE CHEVAL DE BOIS.

2. Tapp, tipp, tapp! Wirf mich ja nicht ab! Pferdchen, thu' mir's ja zu liebe, sonst bekommst du Peitschenhiebe; wirf mich ja nicht ab! tappti, tippti, tapp!

3. Brr, brr, he! Pferdchen, steh' jetzt, steh'! Sollst schon heut noch weiter springen, muss dir doch erst Futter bringen. Steh' doch, Pferdchen, steh'! brr, brr, brr, he, he!

KARL HAHN.

9. CONFIANCE EN DIEU.

2. Er næhrt den Sperling auf dem Dach, und macht zur Früh' die Vœgel wach; er schmückt mit Blumen Wald und Flur, und pflegt die Zierde der Natur.

3. Von meinem Haupte fællt kein Haar, mein Vater sieht es immerdar; und wo ich auch verborgen wær', in Herz und Inn'res schauet er.

4. Geschrieben stand in seiner Hand, mein Name, eh' ich ihn gekannt; an seinem Arm' geh' ich umher, und er ist Gott: was will ich mehr?

5. O Vater mein, wie gut bist du! Gib, dass ich niemals Bœses thu'! Mach' mich den lieben Engeln gleich, in deinem grossen Himmelreich.

10. CLOCHETTES DU SOIR.

2. Glœcklein, sagt nicht dein Gelæute: Friede, Freude strœmt nur denen zu, die vor Gott, den Herren, treten, herzlich beten, herzlich beten, eh' sie geh'n zur Ruh'! Glœcklein! hœrend gern auf dich, bet' den Abendsegen ich, und die Englein seh'n mir freundlich zu, und begleiten liebend mich zur Ruh'.

11. PIÉTÉ.

Moderato. W. A. MOZART.

2. Dann wirst du wie auf grünen Au'n durch's Pigerleben gehn; dann kannst du sonder Furcht und Grau'n dem Tod entgegensehn.

3. Dann hast du immer Muths genug und Alles wird dir leicht; dann singest du beim Wasserkrug, als wær' dir Wein gereicht.

4. Dem Bœsewicht wird Alles schwer, er thue, was er thu'; das Laster treibt ihn hin und her, und læsst ihm keine Ruh'.

5. Der schœne Frühling lacht ihm nicht, ihm lacht kein Aehrenfeld; er ist auf List und Trug erpicht, und wünscht sich nichts als Geld.

6. Der Wind im Hain, das Laub am Baum saust ihm Entsetzen zu; er findet nach des Lebens Raum im Grabe keine Ruh'.

7. Drum übe Treu' und Redlichkeit bis an dein kühles Grab, und weiche keinen Finger breit von Gottes Wegen ab.

8. Dann suchen Enkel deine Gruft und weinen Thrænen drauf, und Sommerblumen, voll von Duft, blüh'n aus den Thrænen auf.

L. H. Ch. Hölty.

12. LA GERMANDRÉE.

2. Schwimmend, wie des Aethers Blæue, wenn ihn kein Gewœlk umflicht, ist es ein Symbol der Treue, das zum Herzen trœstend spricht.

3. Mild, wie deiner Augen Sterne, wie verklærter Unschuld Licht, ruft es warnend aus der Ferne : O vergiss, vergiss mein nicht!

4. Wenn der Trennung Zæhren fliessen, folgsam dem Gebot der Pflicht, soll es deinem Pfad entspriessen, bittend : Ach, vergiss mein nicht!

5. Doch, geliebte Seele, hœre, was aus jedem Blættchen spricht; ach sein Thau ist eine Zæhre, und sie seufzt : Vergiss mein nicht!

13. GAIETÉ.

Allegretto.
CHANT.
1. Freut euch des Le - bens, weil noch
PIANO.
das Læmp-chen glüht, pflü-cket die Ro -

se eh' sie ver-blüht. Man schafft so gern sich Sorg'
und Müh', sucht Dor nen auf und fin-det sie, und
Fine
læsst das Veil - chen un - be - merkt, das

2. Wer Neid und Missgunst sorgsam flieht, und Gnügsamkeit im Gærtchen zieht, dem schiesst sie schnell zum Bæumchen auf, das goldne Früchte trügt. Freut euch des Lebens, etc.

3. Die Freundschaft ist des Lebens Band. Schlingt, Brüder, traulich Hand in Hand! So wallt man froh, so wallt man leicht ins bessre Vaterland! Freut euch des Lebens, etc.

14. LE TROUVÈRE.

2. Gegrüsset seid mir, edle Herrn, gegrüsst ihr schœnen Damen! Welch reicher Himmel, Stern bei Stern! wer kennet ihre Namen? Im Saal voll Pracht und Herrlichkeit, schliesst Augen euch, hier ist nicht Zeit, sich staunend zu ergœtzen!

3. Der Sænger drückt' die Augen ein und schlug in vollen Tœnen! die Ritter schauten muthig drein, und in den Schoos die Schœnen. Der Kœnig, dem es wohlgefiel, liess, ihn zu ehren, für sein Spiel, eine goldne Kette holen.

4. Die goldne Kette gib mir nicht, die Kette gib den Rittern, vor deren kühnem Angesicht der Feinde Lanzen splittern! Gib sie dem Kanzler, den du hast, und lass ihn noch die goldne Last zu andern Lasten tragen!

5. Ich singe, wie der Vogel singt, der in den Zweigen wohnet; das Lied, das aus der Kehle dringt, ist Lohn, der reichlich lohnet. Doch darf ich bitten, bitt' ich eins : lass mir den besten Becher Weins in purem Golde reichen.

6. Er setzt' ihn an, er trank ihn aus : o, Trank voll süsser Labe ! o, wohl dem hochbeglückten Haus, wo das ist kleine Gabe ! Ergeht's euch wohl, so denkt an mich, und danket Gott so warm, als ich für diesen Trunk euch danke !

GŒTHE.

15. LORELEY.

Andante.
F. SILCHER.
CHANT.
PIANO
1. Ich
weiss nicht, was soll es be-
Mær - chen aus al - ten
deu — ten, dass ich so trau - rig
Zei — ten, das

2a
bin; ein
kommt mir nicht aus dem
2a
p
mf
Sinn. Die Luft ist kühl und es
mf
p
dun - kelt, und ru - hig fliesst der

2. Die schœnste Jungfrau sitzet dort oben wunderbar, ihr goldnes Geschmeide blitzet, sie kæmmt ihr goldenes Haar; sie kæmmt es mit goldenem Kamme und singt ein Lied dabei; das hat eine wundersame, gewaltige Melodei.

3. Den Schiffer im kleinen Schiffe ergreift es mit wildem Weh; er schaut nicht die Felsenriffe, er schaut nur hinauf in die Hœh'. Ich glaube, die Wellen verschlingen am Ende Schiffer und Kahn; und das hat mit ihrem Singen die Loreley gethan.

H. HEINE.

16. TOILETTE DU SOLDAT.

er mit Pul - ver la - den und mit
ei - ner Ku - gel schwer. Büblein
wirst du ein Re - krut, merk' dir die - ses Liedchen
gut. Hopp, hopp, hopp, hopp, hopp, hopp, Pferdchen

lauf, lauf Ga - lopp! Büblein, wirst du ein Re-
krut, merk' dir die - ses Liedchen gut. Pferdchen
mun - ter, im - mer mun - ter, lauf Ga -
lopp. hopp, hopp, hopp, hopp, hopp,

2. Der muss an der linken Seiten | : einen Sæbel haben an, : | dass er, wenn die Feinde streiten, schiessen und auch fechten kann. Büblein, wirst du ein Rekrut, merk' dir dieses Liedchen gut. Hopp, hopp, hopp, hopp, hopp, hopp! Pferdchen, lauf, lauf Galopp! Büblein, wirst du ein Rekrut, merk' dir dieses Liedchen gut! Pferdchen, munter, immer munter, lauf Galopp, hopp, hopp, hopp, hopp, hopp, hopp, lauf Galopp.

3. Einen Schnurrbart an der Nasen, | : einen Tschako auf dem Kopf, : | sonst, wenn die Trompeten blasen, ist er nur ein armer Tropf. Büblein, wirst du ein Rekrut, merk' dir dieses Liedchen gut. Hopp, hopp, hopp, hopp, hopp, hopp! Pferdchen, lauf, lauf Galopp! Büblein, wirst du ein Rekrut, merk' dir dieses Liedchen gut. Pferdchen, munter, immer munter, lauf Galopp, hopp, hopp, hopp, hopp, hopp, hopp, lauf Galopp!

4. Einen Gaul zum Galoppiren, | : und von Silber auch zwei Sporn, : | Zaum und Zügel zum Regieren, wenn er Sprünge macht im Zorn. Büblein, wirst du ein Rekrut, merk' dir dieses Liedchen gut. Hopp, hopp, hopp, hopp, hopp, hopp! Pferdchen, lauf, lauf Galopp! Büblein, wirst du ein Rekrut, merk' dir dieses Liedchen gut. Pferdchen, munter, immer munter, lauf Galopp, hopp, hopp, hopp, hopp, hopp, hopp, lauf Galopp!

5. Doch vor Allem muss Courage | : haben jeder, jeder Held, : | sonst erreicht ihn die Blamage, zieht er ohne sie in's Feld. Büblein, wirst du ein Rekrut, merk' dir dieses Liedchen gut. Hopp, hopp, hopp, hopp, hopp, hopp! Pferdchen, lauf, lauf Galopp! Büblein, wirst du ein Rekrut, merk' dir dieses Liedchen gut. Pferdchen, munter, immer munter, lauf Galopp, hopp, hopp, hopp, hopp, hopp, hopp, lauf Galopp!

17. LA ROSE DES BRUYÈRES.

Lief er schnell, es nah' zu sehn,
sah's mit vie - len Freu - den.
Rœs - lein, Rœs - lein, Rœs - lein roth,

2. Knabe sprach : ich breche dich, Rœslein auf der Haiden! Rœslein sprach : ich steche dich, dass du ewig denkst an mich, und ich will's nicht leiden. Rœslein, Rœslein, Rœslein roth, Rœslein, auf der Haiden.

3. Und der wilde Knabe brach's Rœslein auf der Haiden! Rœslein wehrte sich und stach, half ihm doch kein Weh und Ach, musst' es eben leiden. Rœslein, Rœslein, Rœslein roth, Rœslein auf der Haiden.

GŒTHE.

18. LIBERTÉ.

Lento.
C. Groos.
mf
CHANT.
1. Frei - heit, die ich mei - ne,
PIANO.
mf
die mein Herz er - füllt, komm' mit dei - nem
Schei - ne, sü - sses En - gel - bild!

2' Wo sich Gottes Flamme in ein Herz gesenkt, das am alten Stamme treu und liebend hængt; wo sich Mænner finden, die für Ehr' und Recht muthig sich verbinden, weilt ein frei Geschlecht.

MAX VON SCHENKENDORF.

DEUXIÈME PARTIE

Les Champs
ET LA FORÊT

1. Le Printemps.
2. L'Été.
3. Le Lever du Soleil.
4. Le Coucher du Soleil.
5. L'Abeille.
6. Le Cor de Chasse.
7. La Forêt.
8. Adieux.
9. Le Réveil de la nature.
10. Adieux de l'Oiseau.
11. Chant du Guerrier.
12. Prière du Soir.
13. Repos.
14. La nuit.
15. Le Mois de Mai.
16. Le Coucou.

1. LE PRINTEMPS.

2. Wie sie alle lustig sind, flink und froh sich regen! Amsel, Drossel, Fink und Staar, und die ganze Vœgelschaar, wünschet dir ein frohes Jahr, lauter Heil und Segen.

3. Was sie uns verkündet nun, nehmen wir zu Herzen: wir auch wollen lustig sein, lustig, wie die Vœgelein, hier und dort, feldaus, feldein singen, springen, scherzen!

2. L'ÉTÉ.

Vivace.
C. M. von Weber.
CHANT.
PIANO.
1. Tra, ri, ro! der Som-mer, der ist
da! Wir wol-len 'naus in Gar - ten und
woll'n des Som-mers war - ten. Jo, jo,

2. Tra, ri, ro! der Sommer der ist da! Wir wollen hinter die Hecken, und woll'n den Sommer wecken. Jo, jo, jo! etc.

3. Tra, ri, ro! der Sommer, der ist da! Der Sommer hat's gewonnen, der Winter liegt im Bronnen. Jo, jo, jo! etc.

4. Tra, ri, ro! der Sommer, der ist da! In meiner Mutter Keller liegt guter Muskateller. Jo, jo, jo! etc.

3. LE LEVER DU SOLEIL.

Moderato. C. M. von Weber.

1. Die Sonn' er - wacht ; mit ih-rer Pracht er-

füllt sie die Ber-ge, das Thal. O Mor-gen-luft, o

Wal-des-duft, o gol-de-ner Son - nen - strahl!

2. Der Vœgel Chor jauchzt froh empor im Feld und auf sonnigen Hœh'n. Im Morgenthau glænzt Wald und Au. Wie ist doch die Welt so schœn !

3. Du Gott und Herr ! wie licht, wie hehr zeigst Du Dich auf jeglichem Pfad. Wohin wir geh'n, wohin wir seh'n, strahlt hell Deine Macht und Gnad' !

4. Mit frommem Sinn zieh'n wir dahin : Dir, Vater, Dir woll'n wir uns weih'n. Wer bieder ist, Dich nie vergisst; dess' Werk, es wird wohl gedeih'n.

4. LE COUCHER DU SOLEIL.

2. Schwer sind die Augenlieder, du nimmst das Lied mit fort. Fahr' wohl! wir seh'n uns wieder hier unten oder dort. Fahr' wohl! wir seh'n uns wieder hier unten oder dort.

3. Hier unten, wenn sich wieder das Haupt vom Schlaf erhob; dann blickest du hernieder, und freuest dich darob; dann blickest du hernieder, und freuest dich darob.

5. L'ABEILLE.

Vivace.
CHANT.
PIANO.
1. Summ, summ, summ! Bien-chen, summ' he-
rum!
Ei wir thun dir nichts zu Lei-de,
flieg'nur aus in Wald und Hai-de!

2. Summ, summ, summ! Bienchen, summ' herum! Such' in Blumen, such' in Blümchen dir ein Trœpfchen, dir ein Krümchen! Summ, summ, summ! Bienchen, summ' herum!

3. Summ, etc. Kehre heim mit reicher Habe, bau' uns manche volle Wabe! Summ, etc.

4. Summ, etc. Bei den schœnen Christgeschenken wollen wir auch dein gedenken! Summ, etc.

5. Summ, etc. Wenn wir mit dem Wachsstock suchen Pfeffernüss' und Honigkuchen! Summ, etc.

Hoffmann von Fallersleben.

6. LE COR DE CHASSE.

2. Es springt der Quell so klar und hell |: hervor aus Felsgestein : | die Nachtigall, mit süssem Schall |: sie schmettert froh darein : |

3. Und jeder Baum im weiten Raum |: dünkt noch einmal so grün ; : | es wallt der Bach dem Schatten nach |: durch's Thal dahin, dahin. : |

4. Und jede Brust fühlt neue Lust |: beim frohen Doppelton ; : | wie flieht der Schmerz aus jedem Herz |: sogleich davon, davon ! : |

CHR. VON SCHMID.

7. LA FORÊT.

Alla marcia. *Chant populaire.*

2. Das schœnste Land, das Berg und Wald nicht zieren, ist mir ein klæglich Land, ist mir ein klæglich Land. Zum Hochgenuss kann *Einerlei* nicht führen, viel Schœnes ist verbannt, viel Schœnes ist verbannt, viel Schœnes ist verbannt, viel Schœnes ist verbannt.

3. Im Wald, im Wald da ist ein herrlich Leben, gesegnet sei der Wald, gesegnet sei der Wald. So lang' ich bin, soll dich mein Lied erheben, du grüner Aufenthalt, du grüner Aufenthalt, du grüner Aufenthalt, du grüner Aufenthalt!

8. ADIEUX.

Lento. *Chant populaire.*

1. So leb' denn wohl, du stil-les Haus, wir zieh'n be-

trübt von dir hin - aus; wir zieh'n be - trübt und trau-rig

fort, noch un - be - stimmt, an wel - chen Ort.

2. So leb' denn wohl, du schœnes Land, in dem ich hohe Freude fand; du zogst mich gross, du pflegtest mein, und nimmer mehr vergess' ich dein.

3. Auch du leb' wohl, mein trauter Freund; und wenn die Sonne nicht mehr scheint; so denk' ich oft an dich zurück, denn du warst stets mein grœsstes Glück.

4. Und kehr' ich einst zurück zu dir, so wahre deine Liebe mir; denn deine Liebe macht mich reich, sonst gilt mir alles, alles gleich.

9. LE RÉVEIL DE LA NATURE.

Allegro. HOFFMANN VON FALLERSLEBEN.

2. « Bist du da? bist du da?» Ja, ja! lieb' Vœglein ja! der Frühling ist da. Du kannst dir schon dein Nestchen bau'n, er streuet Blumen auf die Au'n und schmücket bald mit Laub den Wald. Ja, ja! lieb' Vœglein ja! der Frühling ist da, der Frühling ist da.

10. ADIEUX DE L'OISEAU.

2. Hin ist nun Waldes Grün und süssen Thales Blüh'n und meiner Hütte Raum stehet allein. Drum ist das Herz so schwer, hat keine Lieder mehr; lass mich nur fliegen hin, treu bleibt der Sinn.

3. Nein, ich vergess' dich nicht! Beim ersten Frühlingslicht siehst du mich wieder hier mit neuem Lied. Und wærst du schon daheim, grüss' mir die Vœgelein, die dort mit sel'gem Klang jubeln den Sang.

11. CHANT DU GUERRIER.

2. Kaum gedacht, :| wird der Lust ein End' gemacht! |: Gestern noch auf stolzen Rossen, heute durch die Brust geschossen, morgen in das kühle Grab. :|

3. Doch, wie bald :| welken Schœnheit und Gestalt. |: Prahlst du gleich mit deinen Wangen, die wie Milch und Purpur prangen, ach, die Rosen welken all'. :|

4. Und was ist :| aller Mænner Freud' und Lüst? |: Unter Kummer, unter Sorgen, sich bemühen früh am Morgen, bis der Tag vorüber ist :|

5. Darum still :| füg' ich mich, wie Gott es will, |: und so will ich wacker streiten, und sollt' ich den Tod erleiden, stirbt ein braver Reitersmann. :|

WILH. HAUFF.

12. PRIÈRE DU SOIR.

2. Alle, die mir sind verwandt, Herr, lass ruhn in deiner Hand! Alle Menschen gross und klein, sollen dir befohlen sein!

3. Kranken Herzen sende Ruh', nasse Augen schliesse zu; lass den Mond am Himmel stehn und die stille Welt besehn!

DIEPENBROCK.

13. REPOS.

Lento. KUHLAU.

p
pp
hœ - rest du kei - nen Laut; die
Vœg - lein schla - fen im Wal - de!
War-te nur, war-te nur, bal - de

p
bal - de schlæfst auch du,
p
war - te nur, war-te nur, bal - de,
p
bal - de schlæfst auch du, bal - de
p
pp

2. Unter allen Monden ist Plag' und alle Jahr' und alle Tag' Jammerlaut; das Laub verwelkt in dem Walde! |: Warte nur, warte nur, balde, balde welkst auch du! :|

3. Unter allen Sternen ist Ruh', in allen Himmeln hœrest du Harfenlaut; die Englein spielen, das schallte! |: Warte nur, warte nur, balde, balde spielst auch du! :|

Verset 1 de GŒTHE.
Versets 2 et 3 de FALK.

14. LA NUIT.

Lento.
J. A. NAUMANN.
CHANT.
1. Wie - der-um hat stil-le Nacht un - sern Ball um - ge - ben,
wie - der-um ein Tag vollbracht von dem Er - den - le - ben!
PIANO.

Freun - d, o wie se - lig ist
er auch uns ver - flos - sen,

ja, er floss, von Lust versüsst,

2. Glück der Welt war unser Ziel, Antheil an dem Leide unsrer Brüder war Gefühl unsrer reinsten Freude. So verstrich er uns dahin unter stillen Scherzen; Ewigkeit ist sein Gewinn und die Ruh' im Herzen.

3. Welch ein Tag! wie schœn vollbracht! Wie auf Zephyrs Flügeln eilt er, in dem Schoos der Nacht rosig sich zu spiegeln. Singt, in Gottes Heiligthum schallt es froher wieder, — dreifach diesem Tage Ruhm, dreifach Freudenlieder!

15. LE MOIS DE MAI.

Sostenuto. W. A. MOZART.

klei - nen Veil-chen blühn! Wie
mœcht' ich doch so ger - ne ein
Veil-chen wie-der sehn, ach,

2. Zwar Wintertage haben wohl auch der Freuden viel; man kann im Schnee eins traben und treibt manch Abendspiel, baut Hæuserchen von Karten, spielt Blindekuh und Pfand; auch gibt's wohl Schlittenfahrten auf's liebe freie Land.

3. Doch wenn die Vœglein singen und wir dann froh und flink auf grünem Rasen springen, das ist ein ander Ding. Jetzt muss mein Steckenpferdchen dort in dem Winkel stehn; denn draussen in dem Gærtchen kann man vor Schmutz nicht gehn.

4. Am meisten aber dauert mich Lottchens Herzeleid; das arme Mædchen lauert recht auf die Blumenzeit: umsonst hol' ich ihr Spielchen zum Zeitvertreib herbei, sie sitzt auf ihrem Stühlchen, wie's Hühnchen auf dem Ei.

5. Ach, wenn's doch erst gelinder und grüner draussen wær'! Komm', lieber Mai, wir Kinder, wir bitten gar zu sehr! O komm' und bring' vor Allen uns viele Veilchen mit, bring' auch viel Nachtigallen und schœne Kuckucks mit!

D. Jäger.

16. LE COUCOU.

Allegretto.
CHANT.
PIANO.
Ku - ckuck, Ku - ckuck ruft aus dem
Wald: Las - set uns sin - gen,
tan - zen und sprin - gen! Früh - ling,

2. Kuckuck, Kuckuck læsst nicht sein Schrein : Komm' in die Felder, Wiesen und Wælder! Frühling, Frühling, stelle dich ein!

3. Kuckuk, Kuckuk trefflicher Held! Was du gesungen, ist dir gelungen! Winter, Winter ræumet das Feld.

HOFFMANN VON FALLERSLEBEN.

TROISIÈME PARTIE

Marches

CHANTS PATRIOTIQUES, ETC.

1. Plaisirs Champêtres.
2. Marches des Gymnases.
3. Le Franc-Tireur.
4. Le Camarade.
5. Le Mois de Mai.
6. La Gondole.
7. Les Adieux à la Forêt.
8. Chant Suisse.
9. Tyrolienne.
10. Refrain des Chasseurs.
11. Le Pays de la Chanson.
12. La Nature.
13. Marche Champêtre.
14. Marche du Printemps.
15. Patrie.
16. Au Revoir.

1. — PLAISIRS CHAMPÊTRES.

Vivace. *Chant populaire.*

mann. Den Wald und Forst zu
he - gen, das Wild-pret zu er-
le - gen, hab' mei - ne Freu - de
dran, hab' mei - ne Freu - de

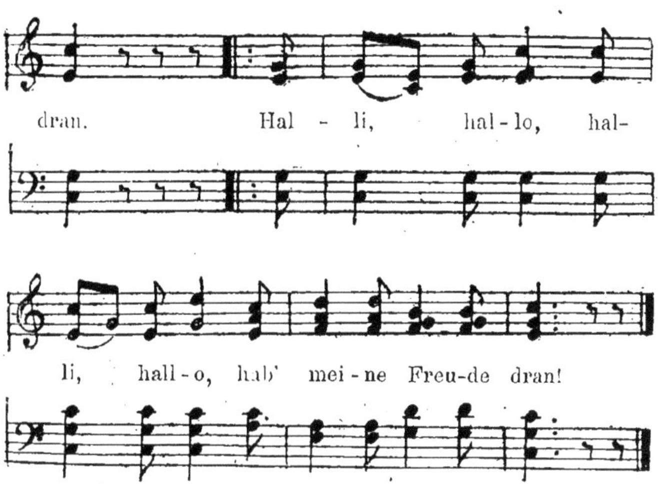

2. Das Huhn im schnellen Fluge, die Schnepf' im Zickzackzuge | : treff' ich mit Sicherheit. | : Die Eber, Reh' und Hirsche, erleg' ich auf der Birsche, | : der Fuchs læsst mir sein Kleid. : | Halli hallo, etc.

3. Kein'n Heller in der Tasche, ein Trænklein aus der Flasche, | : ein Stückchen schwarzes Brod ; : | den treuen Hund zur Seite, wenn ich den Wald durchschreite, | : dann hat es keine Noth. : | Halli, hallo, etc.

4. Zur Erde hingestrecket, den Tisch mit Moos mir decket | : die freundliche Natur ; : | den treuen Hund zur Seite, ich mir das Mahl bereite | : auf Gottes freier Flur. : | Halli, hallo, etc.

5. So zieh' ich durch die Wælder, so eil' ich durch die Felder : | wohl hin den ganzen Tag ; : | es fliehen meine Stunden gleich flüchtigen Secunden, | : eil' ich dem Wilde nach. : | Halli, hallo, etc.

WILHELM BORNEMANN.

2. MARCHE DES GYMNASTES.

2. Nicht Hæuser, nicht Mauern die engen mehr uns ein; denn frei muss der Turner in Gottes Schœpfung sein. Hoch über uns das schœne Himmelszelt und vor uns nur der Wald und das weite Feld.

3. Und frei, wie der Vogel in hohen Lüften schwebt, so frœhlich und munter der Turner allwærts lebt. Die Freiheit sei stets unser Feldgeschrei, und unser Wahlspruch bleibe: Frisch, fromm und frei!

F. Schmitt.

3. LE FRANC-TIREUR.

kommt der Schütz ge - zo - gen
früh am Morgen - strahl.
pp
La-la - la, la-la-la, la-la - la, la-la-

2 Wie im Reich der Lüfte Kœnig ist der Weih, so im Reich der Klüfte herrscht der Schütze frei. Lalala, etc.

3. Ihm gehœrt das Weite : was sein Pfeil erreicht, das ist seine Beute, was da kreucht und fleugt Lalala, etc.

SCHILLER.

4. LE CAMARADE.

Tempo di marcia. *Chant populaire.*

nit. Die Trommel schlug zum
Strei - te, er ging an mei - ner
Sei - te in glei-chem Schritt und

2. Eine Kugel kam geflogen, gilt's mir oder gilt es dir? Ihn hat es weggerissen, er liegt mir vor den Füssen, | : als wær's ein Stück von mir. : |

3. Will mir die Hand noch reichen, derweil ich eben lad'. Kann dir die Hand nicht geben, bleib' du im ew'gen Leben | : mein guter Kamerad. : |

L. UHLAND.

5 LE MOIS DE MAI.

2. Frisch auf drum, frisch auf in dem hellen Sonnenstrahl, wohl über die Berge, wohl durch das tiefe Thal! Die Quellen erklingen, die Bæume rauschen all'; mein Herz gleicht der Lerche und stimmet ein mit Schall.

3. O Wandern, o Wandern, du süsse freie Lust! da weht Gottes Odem so frisch uns in die Brust; da singet und jauchzet das Herz zum Himmelszelt: wie bist du so schœn doch, du weite, weite Welt.

6. LA GONDOLE.

Andante.
Chant vénitien.
1. Dort winkt zum grü - nen
Stran - de uns der Kahn, uns der Kahn, schwankt
schon am loc - kern Ban - de sanft her-
an, sanft her-an. So sprin-get mu - thig
ein. Auf den Wo-gen hin-ge - zo - gen lass't uns

2. Zur Freude ruft der Vœgel froher Chor, froher Chor; ein West schwellt uns're Segel weit hervor, weit hervor. Es flieht das Ufer schnell an den Seiten, uns geleiten Wellen, still und silberhell, still und silberhell, silberhell—hell.

3. Horcht Filomelens Schlagen dort im Hain, dort im Hain, vom Echo fortgetragen, klar und rein, klar und rein. So tœnen lieblich schœn uns're Lieder; hallen wieder von den nahen Bergeshœh'n, nahen Bergeshœh'n, Bergeshœh'n—hœh'n.

4. Der Mond am Himmelsende steigt herauf, steigt herauf, hebt uns're Blick' und Hænde himmelauf, himmelauf. Hold læchelt uns sein Bild aus der Ferne, und die Sterne strahlen funkelnd, sanft und mild, funkelnd sanft und mild, sanft und mild—mild.

5. Zur Heimat nun gewendet unsern Kahn, unsern Kahn, und frisch die Fahrt vollendet, Strom hinan, Strom hinan! Der Tag ist schœn vollbracht, und wir singen : « Mœg' er bringen allen eine gute Nacht, eine gute Nacht, gute Nacht—Nacht! »

7. LES ADIEUX A LA FORÊT

sf
lo - ben, so lang' noch mein' Stimm'
erschallt, — — will ich
f
wohl den Meis - ter

lo - ben, so lang' noch mein' Stimm' er -

pp
schallt. Le - be
Le-be wohl!
pp
wohl! le-be wohl,
le be wohl! le-be
cresc
le - be wohl, du schœ- ner
wohl!
cresc.
p

2. Tief die Welt verworren schallt, oben einsam Rehe grasen, und wir ziehen fort und blasen, dass es tausendfach verhallt : Lebe, wohl, lebe wohl, du schœner Wald!

3. Was wir still gelobt im Wald, wollen's draussen ehrlich halten, ewig bleiben treu die Alten : Deutsch Panier, das rauschend wallt, lebe wohl! Schirm' dich Gott, du schœner Wald!

Jos. F. b. d. c. v. Eichendorff.

8. CHANT SUISSE.

Zeit! Steh' du in Got - tes
Na - men auf, dei ne Kü - he, die sind schon auf der
Al - ma drauss. Steh' nur auf, steh' nur auf, du lust' ger

Schweizer - bu, steh' nur auf, es ist schon Zeit!

9. TYROLIENNE.

Tempo di valsa.

mf
selbst in Pa - læ - sten nicht
so; ach! der schlie - sset sich
ein, lebt so frei nicht und
froh. Da - rum lob' ich mir's
lu - stig im Frei - en zu
sein; denn wie hier kann man

2. Ja hier grüsset mich freundlich auf Hœh'n und im Thal, in der Frühe der Sonne entzückender Strahl. Hier lacht mir die Aue im duftenden Grün, der die lieblichen Kinder des Lenzes entblüh'n. Darum lob' ich mir's, etc.

3. Auf der Weide hat man seine Freude nur so; wenn die Heerden sich tummeln und springen so froh; da sitz' ich auf Rasen und singe mein Lied, bis am Himmel der læchelnde Abendstern glüht. Darum lob' ich mir's, etc.

4. Und ihr mein't wohl, ich sitze so einsam hier nur? O so wisset, mir spricht selbst das Blümchen der Flur! Und hœr' ich die Vœglein auf luftiger Bahn, ach, das spricht mich so freundlich, so feierlich an! Darum lob' ich mir's, etc.

5. Seh't, drum bleibt mir auch immer so heiter der Sinn, und den geb' ich für alles auf Erden nicht hin. Was ihr hab't dort drüben, das hab' ich auch hier, und ich hab' es umsonst und viel besser als ihr. Darum lob' ich mir's, etc.

10. REFRAIN DES CHASSEURS.

2. Uns schrecket nicht des Wassers Lauf, die Feld- und Waldbeschwer; wir klimmen Fels und Berg empor, und waten frisch durch Sumpf und Moor, durch Schilf und Dorn einher, durch Schilf und Dorn einher.

3. Wo wackre Jæger Helfer sind, da ist es wohl bestellt. Die sich're Kugel stærkt den Muth; scharf zielen wir und treffen gut, und was wir treffen fællt, und was wir treffen fællt.

4. Und færbet gleich auch unser Blut das Feld des Krieges roth, so wandelt Furcht uns doch nicht an; denn nimmer scheut der brave Mann für's Vaterland den Tod, für's Vaterland den Tod.

11. LE PAYS DE LA CHANSON.

J. GOTTFRIED SEUME.

12. LA NATURE.

Allegretto.
Chant populaire.
CHANT.
1.
Weisst du, wie viel Sterne
Weisst du, wie viel Wolken
PIANO
ste - hen an dem blau - en Himmels-
ge - hen weithin ü - ber al - le

zelt?
Welt?
Gott, der Herr, hat sie ge-
zæh - let, dass ihm auch nicht ei - nes
feh - let an der gan - zen gro - ssen

2. Weisst du, wie viel Mücklein spielen in der heissen Sonnenglut,
wie viel Fischlein auch sich kühlen in der hellen Wasserflut?
Gott, der Herr, rief sie mit Namen, dass sie all' in's Leben kamen,
dass sie nun so frœhlich sind, dass sie nun so frœhlich sind.

3. Weisst du, wie viel Kinder frühe stehn aus ihrem Bettlein auf,
dass sie ohne Sorg' und Mühe frœhlich sind im Tageslauf?
Gott im Himmel hat an allen seine Lust, sein Wohlgefallen, kennt
auch dich und hat dich lieb, kennt auch dich und hat dich lieb!

13. MARCHE CHAMPÊTRE.

2. Wie im Bauer sitzt der Vogel, sassen wir noch jüngst zu Haus. Aufgethan ist jetzt das Bauer, hin ist Winter-Kælt und Trauer, und wir fliegen wieder aus.

3. Freude lebt auf allen Wegen um uns, mit uns überall. Freude sæuselt aus den Lüften, hauchet aus den Blumendüften, tœnt im Sang der Nachtigall.

4. Nun so lasst uns ziehn und wandern, durch den neuen Sommerschein, durch die lichten Au'n und Felder; durch die dunkelgrünen Wælder, in die neue Welt hinein.

14. MARCHE DU PRINTEMPS.

nicht mehr hier
dern wir
wan - dern
frœh-lich
hin durch Flur und Feld zum grü - nen Wald-
re - vier; nun hin - aus, nun hin -
f
mf

2. { Grüss euch Gott, grüss euch Gott, du grüner Wald, grüner Wald
{ Grüss dich Gott, grüss dich Gott, du Vœglein klein, Vœglein klein
und ihr Blümlein roth und weiss }
und du frisch begrünte Au! } Ach wie ist mir nun das Herz
so warm, da ich euch nun wieder schau! grüss euch Gott, grüss euch Gott, du grüner Wald, grüner Wald und ihr Blümlein roth und weiss.

3. { O wie schœn, o wie schœn, wie wunderschœn, wunderschœn ist
{ Sonnenschein, Sonnenschein und Himmelsblau, Himmelsblau, und
die grosse weite Welt. }
darunter Wies' und Feld. } Und die Brust so weit, das Herz so froh
zur Wanderschaft gestellt; o wie schœn, o wie schœn, o wie wunderschœn, wunderschœn ist die grosse weite Welt.

F. SCHMIDT.

15. PATRIE.

Moderato.
B. KLEIN.
CHANT.
Treu-e Lie - be bis zum
was ich bin und was ich
PIANO.
f
Gra - be schwœr ich dir mit Herz und
ha - be,
1a

2a
Hand
dank' ich dir, mein Va - ter -
2a
ff
land! Nicht in Wor - ten nur und
ff
Lie - dern ist mein Herz zum Dank be -

Cre - -
reit; mit der That will ich's er -
scen - - - do
f
wie - dern dir in Noth, in Kampf und Streit.

16. AU REVOIR.

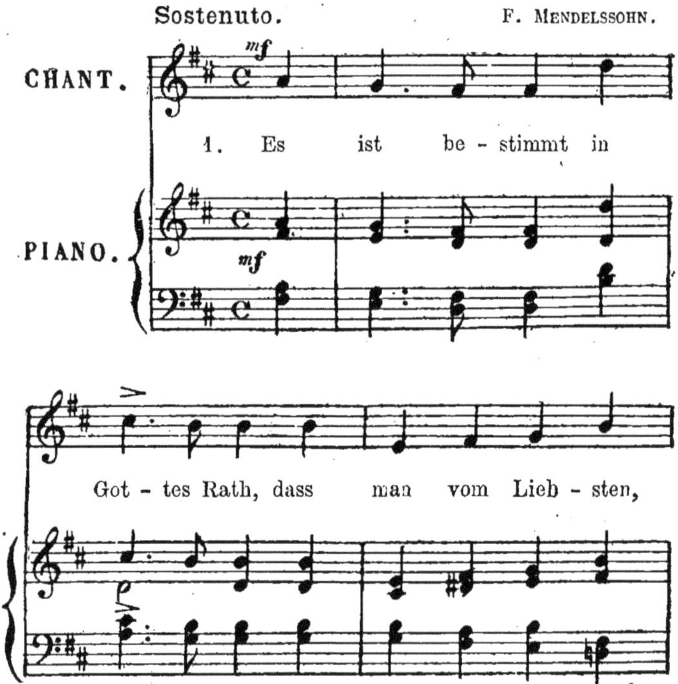
Sostenuto.
F. MENDELSSOHN.
CHANT.
PIANO.
mf
1. Es ist be - stimmt in
Got - tes Rath, dass man vom Lieb - sten,

p
was man hat, muss schei - den,
p
pp
mf
wie - wohl doch Nichts im
mf
Lauf der Welt dem Her - zen, ach, so

sau - er fællt, als Schei - den,
pp
als Schei - den. 4. Nur
musst du mich auch recht ver - stehn,

p
mf
ja recht ver - stehn, wenn
mf
Cresc
f
Men-schen aus - ein - an - der-gehn, so
Cresc
f
p
sa - gen sie: auf Wie - der-sehn, auf
p

2. So dir geschenkt ein Rœslein was, so thu' es in ein Wasserglas; doch wisse : Blüht morgen dir ein Rœslein auf, es welkt wohl schon die Nacht darauf, das wisse! — ja, wisse!

3. Und hat dir Gott ein Lieb bescheert, und hæltst du sie recht innig werth, die Deine; es wird wohl wenig Zeit nur sein, so læsst sie dich so ganz allein, — dann weine! — ja, weine!

VOCABULAIRE

LISTE DES ABRÉVIATIONS.

a. ou *act.*, actif.
acc., accusatif.
adj., adjectif.
adv., adverbe.
art., article.
auxil., auxiliaire.
card., cardinal.
coll., collectif.
comp. ou *compar.*, comparatif.
conj., conjonction.
dat., datif.
déf., défini.
démonst., démonstratif.
etc., et cætera.
f. ou *fém.*, féminin.
fig., figuré.
gén., génitif.
gouv., gouverne.
imparf., imparfait.
impérat., impératif.
impers., impersonnel.
ind., indicatif.
indécl., indéclinable.
indéf., indéfini.
inf., infinitif.
insép., inséparable.
interj., interjection.
interrog., interrogatif.
invar., invariable.
irr., irrégulier.
loc. adv., locution adverbiale.
m. ou *masc.*, masculin.
mil., militaire.
n., nom.
n. ou *neut.*, neutre.
n. prop., nom propre.
part., participe.
pass., passé.
pers., personne.
pl. ou *plur.*, pluriel.
poét., poétique.
pop., populaire.
poss., possessif.
pr. ou *pron.*, pronom.
prép., préposition.
prés., présent.
pron., prononcez.
réfl., réfléchi.
rel., relatif.
s. ou *sing.*, singulier.
sans pl., sans pluriel.
sép., séparable.
subj., subjonctif.
superl., superlatif.
v., verbe.
voy., voyez

Le signe — indique le mot qui est en tête de l'article.
Le signe ‖ sépare les différentes acceptions du même mot ou les exemples.

PARIS. — IMPRIMERIE E. MARTINET, RUE MIGNON, 2.

VOCABULAIRE

A

A, *neut.* a, 1re *lettre de l'alphabet*, 1re *voyelle; en musique, le* a *représente le* 6e *son ou* la.

Abend, *n. m. gén.* s, *pl.* e, soir. ‖ — s, *adv.* le soir (*vespera*).

Abendglöcklein, *n. neut. gén.* s, *pl. invar.* clochette du soir (qui annonce le soir).

Abendlied, *n. neut. gén.* e, (e)s, *pl.* er, chanson du soir.

Abendsegen, *n. m. gén.* s, *pl. invar.* bénédiction du soir, *angélus*.

Abendsonnenschein, *n. m. gén.* s, *sans pl.* éclat du soleil couchant.

Abendspiel, *n. neut. gén.* (e)s, *pl.* e, jeu du soir.

Abendstern, *n. m. gén.* s, *pl.* e, étoile du soir.

Aber, *conj.* mais.

Abschied, *n. m. gén.* (e)s, *pl.* e, adieu, prendre congé de quelqu'un; démission.

Abweichen, *v. neut. fort sép.* (wich ab, abgewichen), s'écarter, dévier; ‖ vom Wege —, s'écarter du chemin.

Abwerfen, *v. a. fort sép.* (*voy.* werfen), abattre, démonter (un cavalier).

Ach! *interj.* hélas! ah! ‖ — nein! hélas, non! — ja! hélas, oui!

Acht, *n. f. sans pl.* attention, soin; ‖ auf etwas — geben, faire attention à quelque chose.

Ackerfeld, *n. neut. gén.* (e)s, *pl.* er, champ.

Aehrenfeld, *n. neut. gén.* es, *pl.* er, champ de blé (*litt.* champ d'épis).

Aether, *n. m. gén.* s, *sans pl.* éther (fluide qui remplit l'espace); ‖ des Aethers Bläue, le bleu du ciel (*litt.* de l'espace).

Ah! *interj.* eh!

All, Alle, Alles, *adj. ou pron. indéf.* tout.

Allein, *adv.* seul, isolé; ‖ — stehen, être seul; — lassen, laisser seul.

Allein, *conj.* mais.

Allem, *dat.* de all.

Allen, *dat. pl. de* all.

Aller, *gén. pl. de* all.

Allwärts, *adv.* partout, en tous lieux; ‖ — leben, vivre partout.

Alma, *n. f. (poét.)*, le pacage sur les Alpes (montagnes).

Als, *conj.* comme, quand, que; ‖ — ob, — wenn, comme si.

Alt, *adj.* (*comp.* älter, *superl.* der, die, das älteste), âgé de, vieux, ancien.

Alte, *n. m. et f. gén.* n, *pl.* n, le vieillard, la vieille.

Am, *contracté de* an dem (datif).

Amsel, *n. f. pl. invar.* merle.

An, *prép.* (*gouverne le datif quand il y a repos, l'acc. quand il a mouvement*), à, contre, de, par, après, auprès.

Ander, *adj.* autre; ‖ ein anderer, *pron. ind.* un autre; ‖ —, autre, différent.

Anders, *adv.* autrement, différemment.

Angesicht, *n. neut. gén.* (e)s, *pl.* e *ou* er, visage, face, figure.

Angreifen, *v. a. fort sép.* (du greifst an, griff an, angegriffen), toucher, saisir (quelque chose); commencer, attaquer. ‖ Ein Jeder greif's beim Rechten an, que chacun le commence adroitement.

Anhaben, *v. a. fort sép.* (*voy.* haben), avoir sur soi, être habillé (d'un vêtement). ‖ *au fig.* einem etwas —, en vouloir à quelqu'un.

An's, *contracté de* an das.

Ansetzen, *v. a. faible sép.* mettre à (aux lèvres); emboucher (un instrument).

Ansprechen, *v. a. fort sép.* (du sprichst an, sprach an, angesprochen), einen — adresser la parole à quelqu'un.

Antheil, *n. m. gén.* s, *pl.* e, part, portion; ‖ an etwas — nehmen, s'intéresser, prendre part à quelque chose.

Anwandeln, *v. imp. faible sép.* avoir envie, une faiblesse; ‖ *au fig.* es wandelt mich... an, il me prend, j'ai envie de...

Arm, *n m. gén.* (e)s, *pl.* e, bras.

Arm, *adj.* pauvre; ‖ der — e, *n. m. gén.* n, *pl.* n, le pauvre.

Artig, *adj.* sage, gentil, poli. ‖ —, *adv.* gentiment.

Au; **Aue**, *n. f. pl.* en, prairie, plaine.

Auch, *conj.* aussi, encore.

Auf, *prép.* (*gouverne le datif quand il y a repos, l'acc. quand il y a mouvement*), sur, à, dessus, au-dessus.

Aufblühen, *v. a. faible sép.* s'épanouir (*en parlant d'une fleur, etc.*).

Aufenthalt, *n. m. gén.* (e)s, *sans pl.* séjour; ‖ ohne —, sans délai.

Aufgethan, *part. de* aufthun.

Aufheben, *v. a. fort. sép.* (hob auf, aufgehoben), ramasser, élever (la main, les bras).

Auflauern, *v. a. faible sép.* guetter; ‖ einem —, guetter quelqu'un; auf etwas lauern, guetter quelque chose.

Aufmachen, *v. a. faible sép.* ouvrir.

Aufschießen, *v. neut. fort sép.* (schoß auf, aufgeschossen), croître, grandir (*en parlant des enfants, des plantes*).

Aufsein, *v. n. fort sép.* être debout, levé (*se conjugue comme le verbe* sein, être, *suivi de la prép.* auf, sur).

Aufstehen, *v. neut. fort sép.* (stand auf, aufgestanden), se lever.

Aufthun, *v. a. fort sép.* (that auf, aufgethan), ouvrir. *Voy.* Aufmachen.

Auge, *n. neut. gén.* s, *pl.* n, œil.

Augenlied, *n. neut. gén.* es, *pl.* er, paupière.

Äuglein, Äugelchen, *n. neut. gén.* s, *pl. invar.* petit œil.

Aus, *prép.* (*gouverne le datif*), de, hors de.

Ausbauen, *v. a. faible sép.* achever de bâtir; cesser de bâtir.

Auseinander, *adv.* séparément.

Auseinandergehen, *v. neut. fort sép.* (ging —, —gegangen), se séparer (*voy.* Gehen *et* Auseinander).

Ausfliegen, *v. n. fort sép.* (flog aus, ausgeflogen), s'envoler, dénicher.

Ausgebaut, *part. passé de* ausbauen.

Ausschlagen, *v. a. fort sép.* (du schlägst aus, schlug aus, ausgeschlagen), bourgeonner (les arbres).

Austrinken, *v. a. fort sép.* (trank aus, ausgetrunken), boire tout, vider (un verre, etc.).

B

B, *neut.* b, 2e *lettre de l'alphabet.*

Bach, *n. m. gén.* es, *pl.* Bäche, ruisseau.

Bächlein, *n. neut. gén.* s, *pl. invar.* petit ruisseau.

Bäcker, *n. m. gén.* s, *pl. invar.* boulanger.

Backt, Bäckt, 3e *pers. sing. prés. de l'ind. de* backen.

Bahn, *n. f. pl.* en, voie, chemin.

Bald, *adv.* bientôt. ‖ Komme — wieder, revient bientôt.

Ball, *n. m. gén.* es, *pl.* Bälle, corps sphérique, globe, balle; ‖ der Erdball, le globe terrestre, la terre.

Band, *n. neut. gén.* es, *pl.* e, lien.

Bauen, *v. a. faible,* bâtir, construire.

Bauer, *n. neut. gén.* s, *pl. invar.* cage (*est pris pour* Vogelbauer, cage d'oiseau).

Baum, *n. m. gén.* es, *pl.* Bäume, arbre.

Bäumchen, *n. neut. gén.* s, *pl. invar.* petit arbre.

Bäume, *pl. de* Baum, arbre.

Baut, 3e *pers. sing. prés. de l'ind. de* bauen.

Becher, *n. m. gén.* s, *pl. invar.* gobelet.

Bedeuten, *v. a. faible,* signifier, donner entendre. ‖ Ich weiß nicht was soll es —, je ne sais ce que peut signifier...

Bedeutend, *adj.* significatif, important.

Bedrängen, *v. a. faible insép.* presser vivement, tourmenter, gêner.

Bedrängt, *adj. v.* fâcheux, gênant, être tourmenté. ‖ Er ist in bedrängten Umständen, il est dans une situation fâcheuse (*voy.* Bedrängen).

Befehlen, *v. a. fort insép.* (du befiehlst, befahl, befohlen), commander, ordonner; ‖ — (*pour* empfehlen), recommander; Gott befohlen, que Dieu vous protége, adieu.

Befohlen (*pour* empfehlen), *part. passé de* befehlen.

Begleiten, *v. a. faible insép.* accompagner, faire la conduite, reconduire.

Begrünt, *adj.* verdoyant.

Bei, *prép.* (*gouverne le datif*), chez, près de, auprès de.

Beim, Bei'm, *contracté de* bei dem (*datif*).

Bekommen, *v. neut. fort insép.* (bekam, bekommen), recevoir.

Bekommst, 2e *pers. sing. prés. de l'ind. de* bekommen.

Bekränzen, *v. a. faible*, couronner (de fleurs).

Bekränzt, 3e *pers. sing. prés. de l'ind. de* bekränzen.

Bemühen (sich), *v. réflec. faible*, se donner de la peine, s'efforcer; || sich für einen —, faire des démarches pour quelqu'un.

Berauben, *v. a. faible insép.* piller, dévaliser, dépouiller.

Beraubt, 3e *pers. sing. prés. de l'ind. et participe passé de* berauben.

Bereit, *adj.* prêt, e; || — sein, être prêt.

Bereiten, *v. a. faible insép.* préparer; || etwas —, préparer quelque chose.; || — (sich), se préparer.

Berg, *n. m. gén.* es, *pl.* e, montagne, mont.

Bergen, *v. a. fort* (du birgst, borg, geborgen), cacher.

Bergeshöhe, *n. f. pl.* n, sommet d'une montagne, cime.

Berühren, *v. a. faible insép.* toucher; || — (sich), se toucher, être contigu.

Berührt, 3e *pers. sing. prés. de l'ind. et part. de* berühren.

Beschheren, *v. a. faible*, faire présent; || einem etwas —, faire present de quelque chose à quelqu'un. (*On écrit aussi* beschheeren.)

Beschert, 3e *pers. sing. prés. de l'ind. et part. de* bescheren.

Besehen, *v. a. fort insép.* (du besiehst, besah, besehen), examiner, regarder, visiter; || — (sich), se regarder.

Besonders, *adv.* particulièrement, surtout.

Besser, Bessre, *comp. de* gut.

Beständigkeit, *n. f. sans pl.* constance, stabilité.

Bestellen, *v. a. faible insép.* commander, arrêter, labourer; || das Feld —, labourer les champs.

Bestellt, 3e *pers. sing. prés. de l'ind. et part. de* bestellen.

Besten, *superl. de* gut.

Bestimmt, *adj.* fixé, désigné, destiné.

Bet', bete, 1re *pers. sing. prés. de l'ind. et* 2e *pers. sing. de l'impér. de* beten.

Beten, *v. n. faible*, prier, faire sa prière.

Betrübt, *adj.* triste, affligé, accablé (de chagrin).

Bett, *n. neut. gén.* (e)s, *pl.* en, lit, couche.

Bettlein, *n. neut. gén.* s, *pl. invar.* le petit lit.

Beute, *n. f. pl.* n, butin, proie.

Bewegen, *v. a. faible*, mouvoir, remuer; || —, *au fig.* émouvoir, toucher.

Bewegt, 3e *pers. sing. prés. de l'ind. et part. de* bewegen.

Bieder, *adj.* loyal, probe, honnête.

Biederkeit, *n. f. sans pl.* loyauté, probité, honnêteté.

Biene, *n. f. pl.* n, abeille.

Bienchen, *n. neut. gén.* s, *pl. invar.* petite abeille.

Bild, *n. neut. gén.* (e)s, *pl.* er, image, figure; tableau.

Bim bam, *onomatopée*, son des cloches.

Bin, 1re *pers. sing. prés. de l'ind. de* sein.

Birsche, *n. f. sans pl.* auf der — sein, être à l'affût (chasse).

Bis, *prép.* (*gouverne l'acc.*)

jusque. || — daß, *conj.* jusqu'à ce que.

Bist, 2ᵉ *pers. sing. prés. de l'ind. de* sein.

Bitte, *n. f. pl.* n, prière, demande.

Bitte, 1ʳᵉ *pers. sing. prés. de l'ind. et* 2ᵉ *pers. de l'impér. de* bitten.

Bitten, *v. a. fort* (bat, gebeten), prier, demander; || um etwas —, demander quelque chose.

Bittend, *part. prés. de* bitten.

Bogen, *n. m. gén.* s, *pl.* Bögen, arc.

Böse, *adj.* mauvais, méchant.

Böse, *n. neut. gén.* n, *sans pl.* mal; || viel Böses, beaucoup de mal.

Bösewicht, *n. m. gén.* (e)s, *pl.* er, scélérat, méchant, criminel.

Blamage, *n. f. pl.* n, blâme, affront (*mot germanisé du français* blâme).

Blasen, *v. a. fort* (du bläst, blies, geblasen), sonner, souffler; || die Trompete —, sonner de la trompette.

Blatt, *n. neut. gén.* es, *pl.* Blätter, feuille.

Blättchen, *n. neut. gén.* s, *pl. invar.* petite feuille.

Blätter, *pl. de* Blatt.

Blau, *adj.* (*comp.* blauer, *sup.* blauest), bleu, azur.

Bläue, *n. f. sans pl.* couleur bleue, azur; || die — des Himmels, le bleu du ciel.

Bleib, 2ᵉ *pers. imp. de* bleiben.

Bleibe, 1ʳᵉ *pers. sing. prés. de l'ind. de* bleiben.

Bleiben, *v. neut. fort* (blieb, geblieben), rester, demeurer, durer.

Bleibet, 2ᵉ *pers. pl. prés. de l'ind. de* bleiben.

Bleibt... zurück. *Voy.* Zurückbleiben.

Blick, *n. m. gén.* (e)s, *pl.* e, regard, coup d'œil, aspect, vue.

Blicken, *v. neut. faible*, regarder.

Blickest, 2ᵉ *pers. du prés. de l'ind. et du subj. de* blicken.

Blindekuh, *n. f. sans pl.* colin-maillard (jeu); || — und Pfandspielen, jouer à colin-maillard et aux gages.

Blitz, *n. m. gén.* es, *pl.* e, éclair, foudre.

Blitzen, *v. neut. imp. faible*, éclairer; || —, *au fig.* briller.

Blitzet, 3ᵉ *pers. prés. de l'ind. de* blitzen.

Blühen, blüh'n, *v. neut. faible*, fleurir; || —, *au fig.* prospérer.

Blühn... auf, **Blüht...** auf. *Voy.* Aufblühen.

Blüht, 3ᵉ *pers. sing. prés. de l'ind. de* blühen.

Blümchen, **Blümlein**, *n. neut. gén.* s, *pl. invar.* petite fleur, fleurette.

Blume, *n. f. pl.* n, fleur.

Blumenduft, *n. m. gén.* (e)s, *pl.* Blumendüfte, odeur (parfum) des fleurs.

Blumenzeit, *n. f. pl.* en, saison des fleurs.

Blüthe, *n. f. pl.* n, fleur (des arbres, plantes, etc.); || in der — des Lebens sein, être à la fleur de l'âge.

Brach, 1ʳᵉ *et* 3ᵉ *pers. sing. imparf. ind. de* brechen.

Brauchen, *v. a. faible*, faire usage, user, avoir besoin de.

Brauchst, 2ᵉ *pers. sing. prés. de l'ind. de* brauchen.

Brav, *adj.* brave, courageux, vaillant, honnête; || ein braver Mann, un honnête homme.

Breche, 1re *pers. sing. prés. de l'ind. de* brechen.

Brechen, *v. a. fort* (du brichst, brach, *subj.* bräche; gebrochen), casser, rompre, briser.

Brich, 2e *pers. sing. de l'impér. de* brechen.

Bring, 2e *pers. sing. de l'impér.* bringen.

Bringen, *v. a. irr.* (brachte, gebracht), apporter, mener.

Bring...mit. *Voy.* Mitbringen.

Brod, *n. neut. gén.* es, *pl.* e, pain.

Bronnen. *Voy.* Brunnen.

Brr, brr, *interj.* pour arrêter les chevaux.

Brücke, *n. f*-. *pl.* n, pont.

Bruder, *n. m. gén.* s, *pl.* Brüder, frère.

Brunnen, *n. m. gén.* s, *pl. inv.* eau de source, fontaine.

Brust, *n. f. pl.* Brüste, poitrine.

Bub, Bube, *n. m. gén.* ens *et* ns, *pl.* en *et* n, garçon, gamin.

Büblein, Bübchen, *n. neut. gén.* s, *pl. invar.* petit garçon.

Busch, *n. m. gén.* es, *pl.* Büsche, buisson, bocage.

C

C (*pron.* tsé), *neut.* c, 3e *lettre de l'aphabet; en musique le* c *représente le* 1er son *ou* ut *ou* do.

Chor, *n. m. gén.* (e)s, *pl.* Chöre, chœur; ‖ der Vögel —, le chœur (le chant) des oiseaux.

Christgeschenk, *n. neut. gén.* es, *pl.* e, cadeau de noël (*litt.* cadeau de Christ).

Courage, *n. m. gén.* s, *sans pl.* courage.

D

D, *neut.* d, 4e *lettre de l'alphabet; en musique, le* d *représente le* 2e son *ou* ré.

Da, *adv.* là, ici, en ce lieu. ‖ —, *conj.* comme quand, lorsque, dès que; — droben, là-haut; — unten, là-bas.

Dabei, *adv.* près, auprès, tout près; ‖ — sein, être présent.

Dach, *n. neut. gén.* es, *pl.* Dächer, toit.

Daheim, *adv.* chez soi, à la maison.

Dahin, *adv.* là, y, en ce lieu-là; ‖ *au fig.* ist —, est passé, est perdu.

Dahinziehen, *v. neut. fort sép.* (*voy.* Ziehen), se rendre à un autre endroit.

Dame, *n. f. pl.* n, dame.

Dank, *n. m. gén.* es, *sans pl.* remercîment, rendre grâces; ‖ einem — wissen, savoir gré à quelqu'un.

Danken, *v. a. faible*, remercier.

Danket, 2e *pers. pl. prés. de l'ind. de* danken.

Dann, *adv.* alors, lors, ensuite.

Daran, Dran, *adv.* par là, à cela, y, après.

Darauf, Drauf, *adv.* dessus, sur cela, y, en, ensuite.

Daraus, Draus, *adv.* de là, en; ‖ ich schließe —, j'en conclus.

Darein, Drein, *adv.* y, dedans.

Darf, 1re *et* 3e *pers. sing. prés. de l'ind. de* dürfen.

Darob. *Voy.* Darüber.

Droben, Droben, *adv.* là-haut, en haut.

Darüber, *adv.* dessus, par-dessus, au delà.

Darum, Drum, *conj.* c'est pourquoi, par cette raison.
Darunter, *adv.* parmi, entre, au-dessous.
Das, *nom. et acc. neut. de l'art. déf. du pron. relat. et dém.* der, le, ce, cela; ‖ — was, ce que.
Daß, *conj.* que, afin que, pour que.
Dauern, *v. neut. et imp. faible*, plaindre, éprouver du regret.
Dauert, 3e *pers. prés. de l'ind. de* dauern; ‖ es — mich, cela me fait de la peine.
Dauert... fort. *Voy.* Fortdauern.
Davon, *adv.* de celà, de là, en.
Davonfliehen, *v. neut. fort sép.* (*voy.* Fliehen), se sauver, prendre la fuite.
Dazu, *adv.* outre cela, avec cela, de plus, à cela, pour cela, en.
Decken, *v. a. faible* (*avec la prép.* mit, avec), couvrir; ‖ —, *au fig.* garantir.
Decket, 2e *pers. pl. prés. de l'ind. de* decken.
Dein, Deine, Dein, *adj. poss.* 2e *pers.* ton, ta.
Deine (der, die, das), *pron. poss. pris subst.* le tien, la tienne.
Deinem, *dat. de l'adj. poss. de la* 2e *pers.* du.
Deiner, *gén. de l'adj. poss. de la* 2e *pers.* du.
Dem, *dat. sing. masc. et neut. de l'art. déf. du pron. relat. et dém.* der.
Den, *acc. m. sing. et dat. pl. de l'art. déf., pron. relat. et dém.* der.
Denke, 1re *pers. sing. prés. de l'ind. et* 2e *pers. sing. impér. de* denken.
Denken, *v. neut. irr.* (dachte, gedacht), penser, songer, raisonner (*se construit avec* an *et gouv. l'acc.*); ‖ an etwas —, penser à quelque chose.
Denkt, 3e *pers. sing. prés. de l'ind. de* denken.
Denkt... zurück. *Voy.* Zurückdenken.
Denkst, 2e *pers. sing. prés. de l'ind. de* denken.
Denn, *conj.* car, donc.
Der, Die, Das, *art. déf., pron. relat. et dém.* le, qui, que, celui, ce.
Deren, *gén. sing. de* die, *f. du pron. dém.* der.
Derweil, *adv.* pendant, pendant que.
Des, *gén. sing. m. et neut. de l'art. déf.* der.
Dessen, Deß, *gén. m. et neut. du pron. dém.* der.
Deutsch, *adj.* allemand.
Dich, *acc. du pron. pers.* du.
Die, *nom. et acc. sing. f., nom. et acc. pl. de l'art. déf., du pron. relat. et dém.* der, la, les; celle, cette, ceux, celles; qui, que.
Dieb, *n. m. gén.* es, *pl.* e, voleur.
Dieser, Diese, Dieses, *adj. ou pron. dém.* celui, celui-ci, ce, cela.
Ding, *n. neut. gén.* es, *pl.* e, chose, objet.
Dir, *dat. du pron. pers.* du.
Doch, *adv. et conj.* pourtant, cependant, néanmoins.
Doppelton, *n. m. gén.* s, *pl.* Doppeltöne, un son double.
Dorn, *n. m. gén.* (e)s, *pl.* en, épine.
Dort, *adv.* là, y, là-bas; ‖ — hin, là; — her, de là.
Dran. *Voy.* Daran.

Drauf. *Voy.* Darauf.
Draus. *Voy.* Daraus.
Draußen, *adv.* dehors.
Dreifach, *adj.* triple. || —, *adv.* triplement.
Drein. *Voy.* Darein.
Dreinschauen, *v. neut. faible sép.* regarder, regarder dedans; || traurig —, regarder tristement, avoir une mine piteuse (*voy.* Darein *et* Schauen.)
Dringen, *v. neut. fort* (drang, gedrungen), pénétrer; fendre, percer.
Dringt, 3e *pers. sing. du prés. de l'ind. de* dringen.
Droben. *Voy.* Daroben.
Drossel, *n. f. pl.* n, grive (*oiseau*).
Drüben, *adv.* de l'autre côté, au delà.
Drücken, *v. a. faible*, presser, serrer.
Drückt, 3e *pers. sing. prés. de l'ind. de* drücken.
Drückt... ein. *Voy.* Eindrücken.
Drum. *Voy.* Darum.
Du, *pron. pers.* 2e *pers.* tu, toi.
Duft, *n. m. gén.* (e)s, *pl.* Düfte, parfum (des fleurs), odeur agréable; || der Morgenduft, la rosée.
Duftend, *adj.* odorant.
Dunkel, *adj.* obscur, sombre.
Dunkelgrün, *adj.* vert foncé.
Dunkeln, *v. neut. imp.* commencer à faire obscur.
Dunkelt, 3e *pers. sing. prés. de l'ind. de* dunkeln; || es —, il commence à faire obscur.
Dünken, *v. neut. faible*, sembler, paraître.
Dünkt, 3e *pers. sing. prés. de l'ind. de* dünken.
Durch, *prép.* (*gouverne l'acc.*), par, à travers de, pendant.
Durcheilen, *v. a. faible insép.* parcourir.
Durcheilen, *v. neut. faible sép.* traverser vivement (*un endroit*).
Durchgeschossen, *part. passé de* durchschießen.
Durchschallen, *v. neut. sép.* retentir, résonner, percer (*un son, un instrument*).
Durchschießen, *v. a. fort insép.* (durchschoß, durchgeschossen *et* durchschossen), traverser, percer d'un coup de feu *ou* d'un trait.
Durchschossen, *part. passé de* Durchschießen.
Durchschreiten, *v. a. fort. insép.* (durchschritt, durchschritten), parcourir; || den Wald —, parcourir la forêt.
Durchschreiten, *v. neut. fort sép.* marcher à travers.
Durchwandern, *v. a. faible insép.* traverser, parcourir.
Durchwaten, *v. a. faible insép. et v. neut. sép.* traverser à gué (un ruisseau, etc.)
Durchziehen, *v. a. fort insép.* (durchzog, durchzogen), traverser, parcourir.
Durchziehen, *v. a. fort sép.* (zog —, durchgezogen), passer, faire passer (quelque chose); tirer.
Durchziehen, *v. n. fort sép.* (zog —, durchgezogen), traverser, passer.
Dürfen, *v. a. irr.* (du darfst, durfte, gedurfst), oser, pouvoir.

E, *neut.* e, 5e *lettre de l'alphabet; en musique, il représente le* 3e son *ou* mi.

Eben, *adv.* exactement, justement, de même.

Eber, *n. m. gén.* s, *pl. invar.* sanglier.

Echo, *n. neut. gén.* s, *sans pl.* écho.

Edel, *adj.* noble; || der, die, das Edle, le noble, la noble (*de sentiment, de caractère, etc.*). || —, *adv.* noblement.

Ehe, *adv.* avant de.

Ehr', *pour* Ehre, *n. f. sans pl.* honneur.

Ehren, *v. a. faible*, respecter, honorer.

Ehrlich, *adj.* honnête, brave.

Ei, *interj.* eh! ah!

Ei, *n. neut. gén.* es, *pl.* er, œuf.

Eichenthal, *n. neut. gén.* (e)s, *pl.* Eichenthäler, vallée plantée de chênes.

Eil... durch. *Voy.* Durcheilen.

Eil... nach. *Voy.* Nacheilen.

Eilen, *v. neut. faible*, se hâter, se dépêcher, se précipiter, courir vivement.

Eilt, 3ᵉ *pers. sing. prés. de l'ind. de* eilen.

Eilt... durch. *Voy.* Durcheilen.

Ein, Eine, Ein, *art. indéf.* un, une.

Eindrücken, *v. a. faible sép.* faire entrer, enfoncer, fermer. || Der Sänger drückt die Augen ein, le trouvère ferme (*litt.* rentre) les yeux.

Einem, *dat. masc. et neut. de* ein.

Einen, *acc. masc. de l'art. indéf.* ein.

Einengen, *v. a. faible sép.* resserrer.

Einer, Eine, Eines, *adj. et pron.* un, une.

Einerlei, *adj. et adv.* de même espèce, le même, la même, égal; || es ist mir — cela m'est égal.

Einher, *adv.*, *est combiné avec des verbes de mouvement, comme* — gehen, — marschiren, — laufen, etc., s'avancer en marchant, en courant, etc.

Einherwaten, *v. n. faible sép.*, marcher çà et là dans l'eau, s'avancer en passant au gué (*voy.* Waten et Einher).

Einladen, *v. a. fort sép.* (lud ein, eingeladen), inviter.

Einmal, *adv.* une fois, autrefois.

Einmarschiren, *v. neut. faible sép.* entrer (*une troupe*).

Eins, *neut. nom de nomb.* un. || —, *adv. pop. marque un accord et une* indifférence; wir sind eins, nous sommes d'accord; es ist mir alles eins, tout cela m'est égal.

Einsam, *adj.* solitaire, seul; || — sein, être seul, isolé.

Einspringen, *v. neut. fort sép.* (sprang ein, eingesprungen), entrer en sautant.

Einstellen, *v. a. faible sép.* cesser, suspendre.

Einstimmen, *v. neut. faible sép.* accompagner (*en parl. de la voix*); || —, *au fig.* s'accorder, consentir.

Eis, *n. neut. gén.* es, *sans pl.* glace.

Empor, *adv.* en haut.

Emporheben, *v. a. fort sép.* (hob empor, emporgehoben), soulever.

Emporklimmen, *v. neut. fort sép.* (*voy.* Klimmen), monter, gravir.

Ende, *n. neut. gén.* s, *sans pl.* fin, terme.

Enden, *v. a. faible*, finir, terminer, cesser.

Engel, *n. m. gén.* s, *pl. invar.* ange.

Engelbild, *n. neut. gén.* (e)s, *pl.* er, figure d'ange.

Engeln, *dat. pl. de* Engel.

Engen... ein. *Voy.* Einengen.

Englein, *n. neut. gén.* s, *pl. invar.* petit ange.

Enkel, *n. m. gén.* s, *pl. invar.* petit-fils.

Entblühen, *v. neut. faible insép.* défleurir, être enlevé, cueilli dans sa fleur.

Entgegen, *adv.* au devant, à la rencontre.

Entgegensehen, *v. a. fort sép.* (*voy.* Sehen), envisager, prévoir.

Entsetzen, *n. neut. gén.* s, *sans pl.* épouvante, terreur.

Entsprießen, *v. neut. fort insép.* (entsproß, entsprossen), naître, être issu.

Entzücken, *v. a. faible insép.* charmer, enchanter.

Entzückend, *adj.* charmant, admirable, ce qui enchante; ‖ ein entzückender Anblick, un aspect enchanteur.

Er, *pron. pers.* 3e *pers. masc.* il, lui.

Erde, *n. f. pl.* n, terre; ‖ auf Erden... sur terre...

Erdenleben, *n. neut. gén.* s, *pl. invar.*, la vie sur terre (poét.).

Erfreuen, *v. a. faible insép.* réjouir; ‖ — (sich), se réjouir.

Erfreut, 3e *pers. sing. prés. de l'ind. de* erfreuen.

Erfüllen, *v. a. faible insép.* remplir.

Erfüllt, 3e *pers. sing. prés. de l'ind. et part. de* erfüllen.

Ergehen, *v. imp. fort insép.* (es ergeht, es erging, ergangen), arriver, se trouver, se porter (*en parl. de santé, fortune, etc.*).

Ergeht, 3e *pers. sing. prés. de l'ind. du v. imp.* ergehen.

Ergötzen, *v. a. faible insép.* réjouir; ‖ — (sich), se réjouir.

Ergreifen, *v. a. fort insép.* (ergriff, ergriffen), saisir. ‖ Es ergreift ihn mit wildem Weh, il (le batelier) est saisi d'un désir douloureux (*litt.* avec une sauvage douleur).

Ergreift, 3e *pers. sing. prés. de l'ind. de* ergreifen.

Erheben, *v. a. fort insép.* (erhob, erhoben), élever, lever.

Erhob, 1re *et* 3e *pers. sing. de l'imparf. ind. de* erheben.

Erklingen, *v. neut. fort insép.* (erklang, erklungen), retentir, résonner.

Erlege, 1re *pers. sing. prés. de l'ind. et* 2e *pers. imp. de* erlegen.

Erlegen, *v. a. faible insép.* abattre, tuer (*en parl. du gibier*).

Erleiden, *v. a. fort insép.* (erlitt, erlitten), souffrir, endurer, essuyer.

Erpicht (*avec* auf, à, sur), *adj.* acharné, passionné; ‖ auf etwas — sein, être passionné pour quelque chose. (*Ce mot est dérivé de* Pech, la poix.)

Erreichen, *v. a. faible insép.* atteindre; ‖ —, *au fig.* arriver.

Erreicht, 3e *pers. sing. prés. de l'ind. de* erreichen.

Erschallen, *v. neut. faible insép.* retentir.

Erschallt, 3e *pers. sing. prés. de l'ind. de* erschallen.

Erst, *adv.* d'abord, premièrement.

Erste (der, die, das), *nomb. ord.* premier, première, premièrement.

Ersten, *acc. masc. et pl. de* erste.

Erwachen, *v. neut. faible insép.* se réveiller. || Die Sonne erwacht, le soleil se lève (*litt.* se réveille).

Erwacht, 3e *pers. sing. prés. de l'ind. et part. de* erwachen.

Erwiedern, *v. a. faible insép.* répondre, répliquer.

Erziehen, *v. a. fort insép.* (erzog, erzogen), élever (*en parl. des enfants, plantes, etc.*).

Es, *nom. et acc. neut. du pron. pers.* er, *et pron. impers.* il, le, ce.

Etwas, *adv.* quelque chose, un peu.

Euch, *pron. pers. dat. et acc. pl. de* Ihr, (à) vous.

Ewig, *adj.* éternel. || —, *adv.* éternellement.

Ewigkeit, *n. f. pl.* en, éternité.

F

F, *neut.* f, 6e *lettre de l'alphabet; en musique le* f *représente le* 4e son *ou* fa.

Fahr' wohl, *loc.* adieu (*litt.* pars bien).

Fahrt, *n. f. pl.* en, action d'aller en voiture, en bateau, etc.

Fallen, *v. neut. fort* (du fällst, fiel, gefallen), tomber; || einem in die Hände fallen, tomber entre les mains de quelqu'un.

Fällt, 3e *pers. sing. prés. de l'ind. de* fallen.

Fand, 1re *et* 3e *pers. sing. de l'imparf. ind. de* finden.

Färben, *v. a. faible*, teindre, colorer.

Färbet, 2e *pers. pl. prés. de l'ind. de* färben.

Färbt, 3e *pers. sing. prés. de l'ind. de* färben.

Fechten, *v. n. fort* (du fichst, focht, gefochten), combattre.

Fehlen, *v. neut. faible*, faillir, se tromper; manquer (*être absent*).

Fehlet, 2e *pers. pl. prés. de l'ind. et du subj. de* fehlen.

Feierlich, *adj.* solennel. || —, *adv.* solennellement.

Fein, *adj.* fin, délicat.

Feind, *n. m. gén.* es, *pl.* e, ennemi.

Feld, *n. neut. gén.* es, *pl.* er, champ; || das — räumen, abandonner le champ (la place); — des Krieges, — der Schlacht, champ de bataille (*voy.* Schlachtfeld).

Feld- und Waldbeschwer, (pour... beschwerde), *n. f. pl.* en *ou* n, la plaie, les charges *ou* peines des campagnes et de la forêt.

Feldaus, Feldein, *loc. adv.* à travers les champs.

Feldgeschrei, *n. neut. gén.* s, *sans pl.* cri de guerre.

Felsenriff, *n. m. gén.* (e)s, *pl.* e, récif, rocher.

Felsgestein, *n. neut. gén.* s, *pl.* e, rocher, récif, pierres rocheuses.

Fern, *adj.* loin, éloigné.

Ferne, *n. f. pl.* n, distance, le lointain.

Fernen, *pl. de* fern (*adj.*).

Filomele *ou* Philomele (*poét.*) *n. f. gén.* ns, rossignol. || Filomelens Schlag, le chant du rossignol.

Finden, *v. a. fort* (fand, gefunden), trouver; || — (sich), se trouver.

Findest, Findst, 2e *pers. sing. prés. de l'ind. de* finden.

Findet, 3e *pers. sing.* 2e *pers. pl. prés. de l'ind. de* finden

Fingerbreit, *adj.* largeur d'un doigt.

Fink, *n. m. gén.* es, *pl.* en, pinson (*oiseau*).

Fischlein, *n. neut. gén.* s, *pl. invar.* petit poisson.

Flamme, *n. f. pl.* n, flamme.

Flasche, *n. f. pl.* n, bouteille.

Fleugt, (*poét.*) 3e *pers. sing. prés. de l'ind. de* fliegen; ‖ was da fleugt und kreucht, tout ce qui vole et qui rampe.

Fliegen, *v. neut. fort* (flog, geflogen), voler (*en l'air*).

Flieg'... aus. *Voy.* Ausfliegen.

Fliegen... hin. *Voy.* Hinfliegen.

Fliehen, *v. a. fort* (floh, geflohen), fuir, passer rapidement, éviter.

Flieht, 3e *pers. sing. prés. de l'ind. de* fliehen.

Flieht... davon. *Voy.* Davonfliehen.

Fließen, *v. neut. fort* (floß, geflossen), couler.

Fließet, **Fließt**, 3e *pers. sing. prés. de l'ind. de* fließen. ‖ Ruhig fließet der Rhein, le Rhin coule paisiblement.

Flink, *adj.* alerte, vif.

Flinte, *n. f. pl.* n, fusil.

Floß, *imparf. ind. de* fließen.

Flüchtig, *adj.* fugitif; agile, rapide.

Flügel, *n. m. gén.* s, *pl. invar.* aile.

Flügeln, *dat. pl. de* Flügel; ‖ auf Zephyrs Flügeln, sur les ailes de Zéphire (vent).

Flur, *n. f. pl.* en, plaine, champs.

Folgsam, *adj.* obéissant.

Forst, *n. m. gén.* es, *pl.* e, forêt.

Fort, *adv.* en avant; loin.

Fortdauern, *v. neut. faible*, durer, subsister.

Fortgetragen, *part. passé de* forttragen.

Fortnehmen, *v. a. fort sép.* (du nimmst... fort, nahm... fort, fortgenommen), enlever, ôter, prendre (*avec soi*). *Voy.* Wegnehmen.

Forttragen, *v. a. fort sép.* (du trägst... fort, trug... fort, fortgetragen), emporter (*porter au loin*).

Fortziehen, *v. neut. fort* (zog fort, fortgezogen), partir, quitter un endroit. ‖ —, *v. a.* entraîner, tirer.

Frei, *adj.* libre, exempt. ‖ Ein freies Leben führen wir, nous menons une vie joyeuse (libre).

Freie, *n. neut. gén.* n, *sans pl.* pleine campagne, champs.

Freiheit, *n. f. pl.* en, liberté.

Fressen, *v. a. fort* (du frißt, fraß, gefressen), manger (*en parl. des animaux*).

Freude, *n. f. pl.* n, joie, plaisir, allégresse.

Freudenlied, *n. neut. gén.* (e)s, *pl.* er, chanson de joie.

Freudig, *adj.* joyeux. ‖ —, *adv.* joyeusement.

Freuen (sich), *v. réfl.* se réjouir.

Freuest (dich), 2e *pers. sing. prés. du subj. de* freuen (sich).

Freund, *n. m. gén.* es, *pl.* e, ami.

Freundlich, *adj.* gracieux, aimable, affable.

Freundschaft, *n. f. pl.* en, amitié.

Freut (sich), 3e *pers. sing. prés. de l'ind. de* freuen (sich).

Friede *ou* **Frieden**, *n. m. gén.* ns, *ou* s, *sans pl.* paix, repos, contentement (*de l'esprit, de l'âme*).

Frisch, *adj.* frais, nouveau; ‖ — auf, allons, courage.

Frisches, *neut. de* frisch; ‖ — Wasser, de l'eau fraîche.

Frißt, 3e *pers. sing. prés. de l'ind. de* fressen.

Froh, *adj.* gai, joyeux; ‖ frohen Muthes sein, être de bonne humeur.

Fröhlich, *adj.* joyeux. ‖ —, *adv.* joyeusement.

Frohsinn, *n. m. gén.* s, *sans pl.* gaiete.

Fromm, *adj.* pieux, doux; ‖ ein frommes Kind, un enfant pieux (sage).

Frucht, *n. f. pl.* Früchte, fruit.

Früh, **Frühe**, *adv.* de bonne heure, tôt; ‖ zu —, trop tôt.

Frühe, *n. f. sans pl.* matin (*de bonne heure*).

Frühling, *n. m. gén.* s, *pl.* e, printemps.

Frühlingslicht, *n. neut. gén.* (e)s, *sans pl.* lumière, éclat du printemps.

Frühlingslied, *n. neut. gén.* (e)s, *pl.* er, chanson du printemps.

Fuchs, *n. m. gén.* es, *pl.* Füchse, renard.

Füchslein, *n. neut. gén.* s, *pl. invar.* petit renard.

Fühlen, *v. a. faible*, sentir.

Fühlt, 3e *pers. sing. prés. de l'ind. de* fühlen.

Führen, *v. a. faible*, conduire.

Führest, **Führst**, 2e *pers. sing. prés. de l'ind. de* führen.

Für, *prép.* (*gouverne l'acc.*), pour, de, par, comme, contre.

Furcht, *n. f. sans pl.* peur, crainte.

Fürlieb, *adv. en composition avec* nehmen, se contenter (*de*). ‖ Fuchs nimm mit der Maus —, renard, contente-toi de la souris.

Funkeln, *v. neut.* briller, étinceler.

Funkelt, 3e *pers. sing. prés. de l'ind. de* funkeln. ‖ Die Spitze des Berges funkelt, la cime de la montagne brille...

Funkelnd, *adj. et part. prés.* brillant, étincelant.

Fuß, *n. m. gén.* es, *pl.* Füße, pied.

Füßen, *dat. pl. de* Fuß.

Futter, *n. neut. gén.* s, *sans pl.* fourage, pâture.

G

G (pron. *gué*), g, 7e *lettre de l'alphabet; en musique le* g *représente le* 5e son *ou* sol.

Gabe, *n. f. pl.* n, don, bienfait.

Galopp, *n. m. gén.* es, *pl.* e, galop.

Galoppiren, *n. neut. gén.* s, *sans pl.* action de galoper, galopade.

Gans, *n. f. pl.* Gänse, oie.

Gänsebraten, *n. m. gén.* s, *pl. invar.* rôti d'oie.

Gänsedieb, *n. m. gén.* es, *pl.* e, voleur d'oie.

Ganz, *adj.* tout entier; ‖ von ganzem Herzen, de tout cœur. ‖ —, *adv.* entièrement.

Gar, *adv.* entièrement, tout à fait, très, trop; ‖ — zu sehr, par trop.

Gärtchen, *n. neut. gén.* s, *pl. invar.* petit jardin, jardinet.

Garten, *n. m. gén.* s, *pl.* Gärten, jardin.

Gaul (*pop. pour* Pferd), *n. m. gén.* (e)s, *pl.* Gäule, cheval.

Geb'... hin. *Voy.* Hingeben.

Geben, *v. a. fort* (du gibst, gab, gegeben), donner.

Gebirg(e), *n. neut. gén.* (e)s, *pl.* e, chaîne de montagne.

Geborgen, *part. passé de* bergen.

Gebot, *n. neut. gén.* (e)s, *pl.* e,

ordre, commandement, offre; || die Gebote Gottes, les commandements de Dieu.

Gedacht, *part. passé de* denken.

Gedeihen, *v. n. fort insép.* (gedieh, gediehen), profiter, prospérer, réussir.

Gedenken, *v. neut. irrég. insép.* (gedachte, gedacht), se souvenir de, songer à.

Gefallen, *v. neut. fort insép.* (du gefällst, gefiel, gefallen), plaire; || einem — être agréable à quelqu'un.

Gefallen, *part. passé de* fallen.

Geflogen, *part. passé de* fliegen.

Gefühl, *n. neut. gén.* (e)s, *pl.* e. sentiment, tact.

Gegrüßet, *part. passé de* grüßen.

Geh'... umher. *Voy.* Umhergehen.

Gehen, *v. neut. fort* (ging, gegangen), aller, marcher.

Gehen... auseinander. *Voy.* Auseinandergehen.

Gehen... hinüber. *Voy.* Hinübergehen.

Gehören, *v. n. faible insép.* appartenir.

Gehört, *part. passé de* gehören, appartenir, *et de* hören, entendre, écouter.

Gehst, 2e *pers. sing. prés. de l'ind. de* gehen.

Gekannt, *part. passé de* kennen.

Gekommen, *part. passé de* kommen.

Geläute, *n. neut. gén.* s, *sans pl.* sonnerie, son des cloches.

Geld, *n. neut. gén.* s, *pl.* er, monnaie *en général* (*cuivre, argent, or monnayé*).

Geleiten, *v. a. faible insép.* conduire, accompagner.

Geliebt, *adj.* bien-aimé, chéri.

Geliebte, *n. m. et f. gén. et pl.* n, bien-aimé.

Gelind, *adj.* doux; || ein gelinder Ton, un son doux.

Gelingen, *v. n. fort insép.* (gelang, gelungen), réussir; || es gelang ihm, il a réussi.

Gelingt, 3e *pers. sing. prés. de l'ind. de* gelingen.

Gelobt, *part. passé de* loben.

Gelten, *v. n. fort* (du gilst, galt, gegolten), valoir, avoir un prix; || es gilt mir Alles gleich, tout cela m'est égal.

Gelungen, *part. passé de* gelingen.

Gemacht, *part. passé de* machen.

Genug, *adv.* assez.

Gereicht, *part. passé de* reichen.

Gern, *adv.* volontiers, de bon gré, avec plaisir; || ich thue es gern, je le fais volontiers, avec plaisir.

Gesang, *n. m. gén.* (e)s, *pl.* Gesänge, chant.

Geschenk, *n. neut. gén.* (e) s, *pl.* e, cadeau.

Geschlecht, *n. neut. gén.* (e) s, *pl.* er, race, genre; sexe.

Geschmeide, *n. neut. gén.* s, *sans pl.* bijoux, parure.

Geschossen, *part. passé de* schießen.

Geschossen... durch. *Voy.* Durchgeschossen.

Geschrieben, *part. passé de* schreiben.

Gesegnet, *part.* (*de* segnen), béni, comblé (*de bien, de bonheur*).

Gesenkt, *part. passé de* senken.

Gestalt, *n. f. pl.* en, figure, forme, aspect.

Gestellt, *part. passé de* stellen.

Gestern, *adv.* hier.

Gestohlen, *part. passé de* stehlen.

Gesungen, *part. passé de* singen.

Gethan, *part. passé de* thun.

Gewaltig, *adj.* puissant, fort, imposant; || eine gewaltige

Melodei, une mélodie imposante, saisissante.
Gewehr, *n. neut. gén.* (e)s, *pl.* e, fusil, arme.
Gewendet, *part. passé de* wenden (sich).
Gewinn, *n. m. gén.* (e)s, *pl.* e, gain.
Gewinnen, *v. a. fort insép.* (gewann, gewonnen), gagner; ‖ sein Brod —, gagner son pain, sa vie.
Gewölf, *n. neut. gén.* (e)s, *pl.* e, nuage.
Gewonnen, *part. de* gewinnen.
Gezählet, *part. passé de* zählen.
Gezogen, *part. passé de* ziehen.
Gib, 2e *pers. sing. de l'impér. de* geben.
Gib... wieder. *Voy.* Wiedergeben.
Gibt, 3e *pers. sing. prés. de l'ind. de* geben.
Gilt, 3e *pers. sing. prés. de l'ind. de* gelten.
Ging, 1re *et* 3e *pers. sing. de l'imparf. ind. de* gehen.
Gipfel, *n. m. gén.* s, *pl. invar.* cime, sommet.
Glänzen, *v. n. faible*, briller, reluire, avoir de l'éclat.
Glänzt, 3e *pers. sing. prés. de l'ind. de* glänzen.
Glaube, 1re *pers. sing. prés. de l'ind.* 1re *et* 3e *pers. sing. prés. du subj. de* glauben.
Glauben, *v. a. faible*, croire; ‖ an etwas —, croire à quelque chose; einem — avoir confiance en les paroles de quelqu'un.
Glaubt, 3e *pers. sing. prés. de l'ind. de* glauben.
Gleich, *adj.* même, semblable, égal. ‖ —, *adv.* de suite, à l'instant.
Gleichem, *dat. sing. de* gleich; ‖ in gleichem Schritt und Tritt, d'un pas égal (avec moi).
Gleichen, *v. neut. fort* (gleich, geglichen), ressembler.
Gleichet, 3e *pers. sing. et* 2e *pers. pl. prés. de l'ind. et* 2e *pers. pl. prés. du subj. de* gleichen.
Glocke, *n. f. pl.* n, cloche.
Glöcklein, *n. neut. gén.* s, *pl. invar.* petit cloche, clochette.
Glück, *n. neut. gén.* (e)s, *sans pl.* bonheur, chance, sort, fortune.
Glühen, *v. n. faible*, être brûlant, flamboyer, être rouge.
Glüht, 3e *pers. sing. prés. de l'ind. de* glühen.
Gnade, *n. f. pl.* n, grâce, miséricorde, faveur.
Gnügsamkeit *pour* Genügsamkeit, *n. f. sans pl.* sobriété, tempérance, satisfaction.
Gold, *n. neut. gén.* es, *sans pl.* or.
Golden, *adj.* d'or. ‖ Goldne Abendsonne, soleil couchant doré.
Goldener, Goldene, Goldenes, *adj.* d'or.
Gondel, *n. f. pl.* n, gondole.
Gott, *n. m. gén.* es, *sans pl.* Dieu. (*Le pl.* Götter *n'est applicable qu'aux dieux païens.*)
Grab, *n. neut. gén.* es, *pl.* Gräber, tombeau.
Grasen, *v. neut. faible*, brouter, manger l'herbe, paître.
Grauen, *n. neut. gén.* s, *pl. invar.* peur, horreur.
Greif... an. *Voy.* Angreifen.
Groß, *adj.* (*compar.* größer, *superl.* größte), grand.
Größer, *compar. de* groß.
Größte, *superl. de* groß.
Großziehen, *v. a. fort sép.* (zog...

groß, großgezogen), élever; || ein Kind —, élever un enfant. *Voy.* Erziehen.

Gruft, *n. f. pl.* Grüfte, fosse, tombe.

Grün, *adj.* vert.

Grüne, *n. neut. gén.* n, *sans pl.* verdure, vert.

Grünen, *v. neut. faible*, verdir.

Grünend, *adj.* verdoyant.

Grüner, *comp. de* grün.

Grünst, 2e *pers. sing. prés. de l'ind. de* grünen.

Grüßen, *v. a. faible*, saluer, souhaiter le bonjour, etc. || Grüß' euch Gott, *loc.* que Dieu vous salue.

Grüßet, 3e *pers. sing.* 2e *pers. pl. prés. de l'ind. et* 2e *pers. pl. prés. du subj. de* grüßen.

Gut, *adj.* (*comp.* besser, *superl.* beste), bon. || —, *adv.* bien, bon; || es ist —, c'est bien.

Güte, *n. f. sans pl.* bonté, complaisance.

Guter, Gute, Gutes, *adj.* bon.

H

H (*pron.* hâ), *neut.* h, 8e *lettre de l'alphabet*; *en musique le* h *représente le* 7e son *ou* si.

Haar, *n. neut. gén.* es, *pl.* e, cheveu.

Habe, *n. f. sans pl.* avoir, bien, fortune.

Haben, *v. auxil. a.* (du hast, hatte, gehabt), avoir; || einen lieb —, aimer quelqu'un; er hat dich lieb, il t'aime.

Haben... an. *Voy.* Anhaben.

Haide, *n. f. pl.* n, bruyère.

Haidenröslein, *n. neut. gén.* s, *pl. invar.* petite rose de la bruyère.

Hain, *n. m. gén.* (e)s, *pl.* e, bois, bocage.

Half, 1re *et* 3e *pers. sing. de l'imparf. ind. de* helfen.

Hallen... wieder. *Voy.* Wiederhallen.

Halli, Hallo, *interj.* cri du chasseur.

Hallt... nach. *Voy.* Nachhallen.

Hallt... wieder. *Voy.* Wiederhallen.

Hält... werth. *Voy.* Werthhalten.

Halten, *v. a. fort* (du hältst, hielt, gehalten), tenir; || es mit einem ehrlich —, agir honnêtement avec quelqu'un.

Hand, *n. f. pl.* Hände, main.

Hangen, *v. neut. fort* (du hängst, hing, gehangen), pendre, suspendre. (*On dit aussi* Hängen.)

Hängt, 3e *pers. sing. prés. de l'ind. de* hangen.

Harfenlaut, *n. m. gén.* (e)s, *pl.* e, son de la harpe, mélodie jouée sur la harpe.

Hast, 2e *pers. sing. prés. de l'ind. de* haben.

Hat, 3e *pers. sing. prés. de l'ind. de* haben.

Hauchet... aus. *Voy.* Aushauchen.

Haupt, *n. neut. gén.* es, *pl.* Häupter, tête, chef.

Haus, *n. neut. gén.* es, *pl.* Häuser, maison; || zu — bleiben, rester chez soi, à la maison.

Häuser, *pl. de* Haus.

Häuserchen, *n. neut. pl.* petites maisons, des maisonnettes.

He, *interj.* eh! ha!

Heb'... empor. *Voy.* Emporheben.

Heben, *v. a. fort* (hob, gehoben), lever, soulever.

Hebt, 3e *pers. sing. pres. de l'ind. de* heben.

Hebt... auf. *Voy.* Aufheben.

Hecke, *n. f. pl.* n, haie.

Heerde, *n. f. pl.* n, troupeau.

Hegen, *v. a. faible*, entretenir, fréquenter; || den Wald und Forst zu hegen, fréquenter (*parcourir*) les forêts.

Hehr, *adj.* sublime, magnifique, majestueux.

Heil, *n. neut. gén.* es, *sans pl.* salut, prospérité.

Heiligthum, *n. neut. gén.* s, *pl.* Heiligthümer, sanctuaire.

Heimat, *n. f. pl.* en, patrie, lieu de naissance.

Heimkehren, *v. neut. faible sép.* retourner chez soi (*à la maison*).

Heißen, *v. a. fort* (hieß, geheißen), appeler, nommer.

Heißt, 3e *pers. sing. prés. de l'ind. de* heißen.

Heiter, *adj.* gai; clair, serein.

Held, *n. m. gén.* en, *pl.* en, héros, homme vaillant et brave.

Helfen, *v. n. fort* (du hilfst, half, geholfen), aider, secourir.

Helfer, *n. m. gén.* s, *pl. invar.* aide, assistant.

Hell, *adj.* clair, brillant. || —, *adv.* clairement.

Heller, *n. m. gén.* s, *pl. invar.* liard.

Her, *adv.* ici; || komme —, viens ici; hin und —, par ci par là (*mouvement de va et vient*).

Heranschwanken, *v. neut. faible sép.* avancer *ou* marcher en chancelant.

Heraufsteigen, *v. neut. fort. sép.* (stieg herauf, heraufgestiegen), monter (*voy.* Steigen).

Herbeiholen, *v. a. faible sép.* apporter, rapporter (*voy.* Holen).

Herein, *adv.* dedans, entrer (*dans l'intérieur*).

Hereinlassen, *v. a. fort sép.* (du lässest herein, er läßt herein, ließ herein, hereingelassen), laisser *ou* faire entrer (*voy.* Lassen).

Hergeben, *v. a fort sép.* (gab her, hergegeben), donner (*voy.* Geben).

Hernieder, *adv.* en bas (*indique un mouvement en bas*).

Herniederblicken, *v. n. faible sép.* régarder en bas (*voy.* Blicken).

Herr, *n. m. gén.* n, *pl.* en, monsieur; Seigneur (*en parlant de Dieu*); || unser Herr Gott, Dieu notre Seigneur.

Herrlich, *adj.* magnifique, délicieux, splendide, superbe. || —, *adv.* magnifiquement.

Herrlichkeit, *n. f. pl.* en, magnificence, excellence.

Herrschen, *v. n. faible*, gouverner, dominer.

Herrscht, 3e *pers. sing. prés. de l'ind. de* herrschen.

Herum, *adv.* autour.

Herumsummen, *v. neut. faible sép.* bourdonner autour. || Bienchen, summ' herum, petite abeille, bourdonne autour.

Hervor, *adv.* dehors, en avant.

Hervorspringen, *v. neut. fort sép.* (sprang hervor, hervorgesprungen), sortir (*en sautant*) (*voy.* Springen).

Herz, *n. neut. gén.* ens, *pl.* en, cœur, courage; || zu Herzen nehmen, prendre à cœur.

Herzeleid, *n. neut. gén.* es, *sans pl.* grand chagrin, peine de cœur.

Herzlich, *adj.* affectueux, cordial.

Heute, *adv.* aujourd'hui.
Hier, *adv.* ici; ‖ —und dort, — und da, çà *et* là.
Himmel, *n. m. gén.* s, *pl. invar.* ciel.
Himmelauf, — an, *adv.* vers le ciel; ‖ er hebt die Hände himmelauf, il lève les mains vers le ciel.
Himmelblau, Himmelsblau, *adj.* et *n. neut.* bleu du ciel, azur.
Himmelreich, *n. neut. gén.* (e)s, *sans pl.* ciel, royaume des cieux.
Himmelsende, *n. neut. gén.* s, limite, borne du ciel, horizon.
Himmelszelt, *n. neut. gén.* es, la voûte céleste, firmament.
Hin, *adv.* là (*opposé de* her); ‖ er geht hin, il va là (*vers ce lieu*); hin und her, par ci par là (*mouvement de va et vient*).
Hinauf, *adv.* en haut, vers le haut.
Hinaufschauen, *v. neut. faible sép.* regarder en haut.
Hinaus, *adv.* dehors, hors de.
Hinausgehen, *v. neut. fort sép.* (ging hinaus, hinausgegangen) sortir (*voy.* Gehen).
Hindurch, *adv.* à travers, au travers, pendant.
Hindurcheilen, *v. neut. faible sép.* courir à travers de, traverser vivement un lieu, un pays.
Hinein, *adv.* en dedans, vers l'intérieur.
Hinfliegen, *v. neut. fort sép.* (flog hin, hingeflogen), s'envoler vers, courir vers (*voy.* Fliegen).
Hingeben, *v. a. fort sép.* (du gibst hin, gab hin, hingegeben), donner, abandonner (*voy.* Geben). ‖ — (sich), se livrer, s'abandonner.
Hingestreckt, *part. passé de* hinstrecken.
Hingezogen, *part. passé de* hinziehen.
Hinstrecken, *v. a. faible sép.* tendre vers, coucher; ‖ sich zur Erde —, se coucher à terre.
Hinter, *prép.* (*gouverne le datif, quand il y a repos, l'accusatif quand il a mouvement*), derrière; après.
Hinübergehen, *v. neut. fort sép.* (ging hinüber, hinübergegangen), passer de l'autre côté, traverser (*voy.* Gehen).
Hinziehen, *v. a. fort sép.* (zog hin, hingezogen), traîner vers un lieu, tirer vers, attirer.
Hirsch, *n. m. gén.* es, *pl.* e, cerf.
Hirt, *n. m. gén.* en, *pl. invar.* berger, pasteur, pâtre.
Hirtenlied, *n. neut. gén.* (e)s, *pl.* er, chanson de berger, chanson pastorale.
Hoch, Hoh, *adj.* (*comp.* höher, *superl.* höchste), haut, élevé.
Hochbeglückt, *adj.* jouissant d'un grand bonheur, très-heureux.
Hochgenuß, *n. m. gén.* es, *pl.* Hochgenüsse, jouissance, plaisir extrême (*du cœur, de l'esprit*).
Hoffnung, *n. f. pl.* en, espérance, espoir.
Höhe, *n. f. pl.* n, hauteur, élévation.
Hol'... herbei. *Voy.* Herbeiholen.
Hold, *adj.* favorable, gracieux.
Holen, *v. a. faible*, aller chercher, prendre.
Honigkuchen, *n. m. gén.* s, *pl. invar.* gâteau de miel.
Hopp, *interj.* hop!
Horchen, *v. n. faible*, écouter.

Horcht, 3e *pers. sing. prés. de l'ind. de* horchen.

Hören, *v. a. faible*, entendre, écouter.

Hörend, *part. prés. de* hören.

Hörnerschall, *n. m. gén.* es, *sans pl.* le son des cors de chasse.

Hörst, 2e *pers. sing. prés. de l'ind. de* hören.

Huhn, *n. neut. gén.* s, *pl.* Hühner, poulet.

Hühnchen, *n. neut. gén.* s, *pl. invar.* poulet.

Hund, *n. m. gén.* es, *pl.* e, chien.

Hundert, *n. de nomb. card.* cent.

Hut, *n. m. gén.* es, *pl.* Hüte, chapeau.

Hütte, *n. f. pl.* n, cabane, hutte.

I

I, *n.* i, 9e *lettre de l'alphabet.*

Ich, *pron. pers.* 1re *pers. m. sing.* je, moi.

Ihm, *dat. m. et neut. du pron.* er.

Ihn, *acc. m. du pron.* er.

Ihr, *adj. poss.* 3e *pers. f. sing.* son, sa; ‖ *dat. de* sie, à elle; 2e *pers. pl. du pron. pers.* vous, *et adj. poss. coll.* 3e *pers.* leur.

Ihre, *f. et pl. de* ihr.

Ihrer, *gén. pl. de* sie, *pron. pers.* 3e *pers.*

Im, *dat. contracté de* in dem.

Immer, *adv.* toujours.

Immerbar, *adv.* toujours.

Immerzu, *adv.* toujours.

In, *prép.* (*gouverne le datif quand il y a repos, l'acc. quand il y a mouvement*), dans, en.

Innen, *adv.* intérieurement, dedans.

Innere, *n. neut. gén.* n, *sans pl.* intérieur; ‖ das Innerste, le plus intime, le plus profond.

Innig, *adj.* intime, cordial, profond. ‖ —, *adv.* intérieurement.

Ins, *contracté de* in das.

Ist, 3e *pers. sing. prés. de l'ind. du v.* sein.

J

J (*prononcez* iot), *neut.* j, 10e *lettre de l'alphabet.*

Ja, *adv.* oui, si, même. (Ja *est souvent employé comme explétif :* ich habe es ja verstanden, je l'ai bien compris.)

Jagd, *n. f. pl.* en, chasse.

Jagdhorn, *n. neut. gén.* s, *pl.* Jagdhörner, cor de chasse.

Jäger, *n. m. gén.* s, *pl. invar.* chasseur.

Jägersmann, *n. m. gén.* es, *pl. non usité*, chasseur.

Jahr, *n. neut. gén.* (e)s, *pl.* e, an, année.

Jammerlaut, *n. m. gén.* es, *pl.* e, cri de douleur, de détresse.

Jauchzen, *v. neut. faible*, pousser des cris de joie.

Jauchzet, 2e *pers. pl. prés. de l'ind. de* jauchzen.

Jauchzt, 3e *pers. sing. prés. de l'ind. de* jauchzen.

Jede, *f. de* jeder.

Jedem, *dat. m. et neut. de* jeder.

Jeder, *adj. ou pron. indéf. m.* chacun, chaque, tout, tout le monde.

Jedes, *neut. de* jeder.

Jeglichem, *dat. de* jeglicher.

Jeglicher, *adj.* chacun, chaque, tout.

Jenseits, *prép.* (*gouverne le*

gén.), de l'autre côté de, au delà de.

Jetzt, *adv.* maintenant, à présent.

Jo, *interj.* io.

Jubeln, *v. neut. faible*, pousser des cris de joie, être dans la jubilation.

Jubelnd, *adj.* joyeux; || ein—es Kind, un enfant qui jette des cris de joie.

Jung, *adj.* jeune.

Jungfrau, *n. f. pl.* en, demoiselle, vierge.

Jüngst, *adv.* dernièrement, récemment; || — *superl. de* jung, le, la plus jeune.

K

K, *n.* k, 11e *lettre de l'alphabet.*

Kahn, *n. m. gén.* (e)s, *pl.* Kähne, canot, nacelle.

Kam, 1re *et* 3e *pers. sing. de l'imparf. ind. de* kommen.

Kamerad, *n. m. gén. et pl.* en, camarade.

Kampf, *n. m. gén.* es, *pl.* Kämpfe, lutte, combat, bataille.

Kamst, 2e *pers. sing. de l'imparf. ind. de* kommen.

Kanzler, *n. m. gén.* s, *pl. invar.* chancelier.

Karte, *n. f. pl.* n, carte.

Kaum, *adv.* à peine.

Kehle, *n. f. pl.* n, gorge, gosier.

Kehr'... zurück. *Voy.* Zurückkehren.

Kehre... heim. *Voy.* Heimkehren.

Kehren, *v. a. faible*, tourner, retourner; balayer.

Kein (Keiner), Keine, Keines, *adj. ou pron. indéf.* aucun, nul, ne pas, personne.

Keller, *n. m. gén.* s, *pl. invar.* cave, cellier.

Kennen, *v. a. irr.* (kannte *ou* kennete, gekannt), connaître.

Kennet, 2e *pers. pl. prés. de l'ind. de* kennen.

Kennt, kennet, 3e *pers. sing. prés. de l'ind. de* kennen.

Kette, *n. f. pl.* n, chaîne.

Kind, *n. neut. gén.* es, *pl.* er, enfant.

Kläglich, *adj.* plaintif; déplorable; || in einem —en Zustande sein, être dans un état pitoyable. || —, *adv.* plaintivement.

Klappern, *v. neut. faible*, claquer, claqueter; || die Mühle klappert, klipp, klapp, le moulin claque, clipp, clapp; || —, *n. neut. gén.* s, *sans pl* claquètement (*du moulin.*).

Klappert, 3e *pers. sing. prés. de l'ind. de* klappern.

Klar, *adj.* clair, limpide, serein. || —, *adv.* clairement.

Kleid, *n. neut. gén.* es, *pl.* er, habit, vêtement.

Klein, *adj.* petit; || ein —er Mann, un petit homme. || —, *adv.* petitement.

Klimmen, *v. neut. fort* (klamm, geklommen), gravir, grimper.

Klimmen... empor. *Voy.* Emporklimmen.

Klingen, *v. neut. fort* (klang, geklungen), sonner, tinter.

Klipp, klapp, *interj.* clipp, clapp (*bruit que fait un moulin*).

Kluft, *n. f. pl.* Klüfte, cavité, fente, gouffre.

Knabe, *n. m. gén.* n, *pl.* n, garçon.

Kommen, *v. neut. fort* (du kömmst, kam, gekommen), venir, arriver.

Kömmst, 2e *pers. sing. prés. de l'ind. de* kommen.

Kömmt, 3e *pers. sing. prés. de l'ind. de* kommen.

Kommt, 3e *pers. sing. prés. de l'ind. de* kommen.

König, *n. m. gén.* (e)s, *pl.* e, roi.

Können, *v. a. irr.* (ich kann, du kannst, er kann, konnte, gekonnt), pouvoir, savoir.

Kopf, *n. m. gén.* es, *pl.* Köpfe, tête ; chef.

Korn, *n. neut. gén.* (e)s, *pl.* Körner, grain. ‖ —, *sans pl.* blé.

Kraft, *n. f. pl.* Kräfte, force, vigueur, puissance.

Kräftig, *adj.* fort, robuste. ‖ —, *adv.* fortement.

Krank, *adj.* (*comp.* kränker, *superl.* kränkst), malade.

Kranke, *n. m. et f. gén. et pl.* n, le, la malade.

Kreucht (*poét.*). 3e *pers. sing. prés. de l'ind. de* kriechen ; ‖ was da fleugt und kreucht, tout ce qui vole et qui rampe.

Kriechen, *v. neut. fort* (kroch, gekrochen), ramper, se traîner.

Krieg, *n. m. gén.* es, *pl.* e, guerre.

Krieger, *n. m. gén.* s, *pl. invar.* guerrier, soldat.

Kriegesfeld, *n. neut. gén.* es, *pl.* er, champ de bataille (*litt.* champ de guerre).

Krümchen, *n. neut. gén.* s, *pl. invar.* miette.

Küche, *n. f. pl.* n, cuisine.

Kuchen, *n. m. gén.* s, *pl. invar.* gâteau ; ‖ ein Eier—, une omelette.

Kuckuck, *n. m. gén.* (e)s, *pl.* e, coucou.

Kugel, *n. f. pl.* n, balle ; ‖ die Erd—, le globe terrestre.

Kühl, *adj.* frais ; ‖ ein —es Grab, une tombé fraîche. ‖ —, *adv.* fraîchement.

Kühlen, *v. neut. faible*, se rafraîchir, se refroidir. ‖ — (sich) *fig.* se radoucir.

Kühn, *adj.* hardi, courageux ; ‖ ein —er Mann, un homme courageux. ‖ —, *adv.* hardiment.

Kühnem, *dat. sing. de* kühn.

Kummer, *n. m. gén.* s, *sans pl.* chagrin, affliction.

L

L, *neut.* l, 12e *lettre de l'alphabet.*

La, la, *interj.* la la.

Labe, Labung, *n. f. sans pl.* soulagement, rafraîchissement.

Lachen, *v. neut. faible*, rire.

Lachen, *n. neut. gén.* s, *sans pl.* le rire.

Lächeln, *v. neut. faible*, sourire.

Lächelnd, *adj.* souriant.

Lächelt, 3e *pers. sing. prés. de l'ind. de* lächeln.

Lacht, 3e *pers. sing. prés. de l'ind. de* lachen.

Lad', 2e *et* 3e *pers. sing. de l'impér. de* laden.

Laden, *v. a. fort* (lud, geladen), charger (sur une voiture, une arme, etc.).

Laden... ein. *Voy.* Einladen.

Lämpchen, *n. neut. gén.* s, *pl. invar.* petite lampe.

Lampe, *n. f. pl.* n, lampe.

Land, *n. neut. gén.* es, *pl.* Länder, pays, champ ; ‖ zu —e, par terre.

Lang, *adj.* long ; pendant, durant ; ‖ lange bleiben, rester longtemps ; so lang, si longtemps.

Länger, *comp. de* lang.

Lanze, *n. f. pl.* n, lance.

Lassen, *v. a. irr.* (du lässest, ließ, gelassen), laisser; || allein —, laisser seul.

Lasset, 2e *pers. pl. prés. de l'ind. et du prés. du subj. de* lassen.

Last, *n. f. pl.* en, charge, poids.

Laster, *n. neut. gén.* s, *pl. invar.* vice.

Laß, 2e *pers. sing. de l'impér. de* lassen.

Laß... herein. *Voy.* Hereinlassen.

Laß... nieder. *Voy.* Niederlassen (sich).

Läßt, 3e *pers. sing. prés. de l'ind. de* lassen.

Laub, *n. neut. gén.* es, *sans pl.* feuilles, feuillage.

Lauern, *v. neut. faible*, guetter; || auf etwas —, guetter quelque chose.

Lauern... auf. *Voy.* Auflauern.

Lauert, 3e *pers. sing. prés. de l'ind. de* lauern.

Lauf, *n. m. gén.* es, *pl.* Läufe, course; cours (du temps, etc.); || der Lauf der Zeit, le cours du temps.

Lauf, 2e *pers. de l'impér. de* laufen.

Laufen, *v. neut. fort* (du läufst, lief, gelaufen), courir.

Laut, *adj.* haut, retentissant, public. || —, *adv.* hautement.

Laut, *n. m. gén.* es, *pl.* e, son, ton.

Läute, 1re *pers. sing. prés. de l'ind.* 2e *et* 3e *pers. sing. de l'impér. de* läuten.

Läuten, *v. a. faible*, sonner les cloches. || Glöcklein, läute immer zu —, clochette, sonne toujours.

Lauter, *adj. et adv.* pur; rien que de...; || lauter Segen, rien que de bénédictions.

Leben, *n. neut. gén.* s, *pl. invar.* existence, vie; || ins Leben kommen, venir au monde.

Leben, *v. neut. faible*, vivre, exister; || lebe wohl, adieu, porte-toi bien.

Lebewohl, *n. neut. gén.* s, *sans pl.* adieu; || — sagen, dire adieu, faire ses adieux.

Lebt, 3e *pers. sing. prés. de l'ind. de* leben.

Legen, *v. a. faible*, poser, mettre.

Lehren, *v. a. faible*, enseigner, instruire.

Leicht, *adj.* léger, facile. || —, *adv.* légèrement, facilement.

Leid, *n. neut. gén.* es, *sans pl.* peine, affliction, mal; || einem etwas zu Leide thun, faire de la peine (*ou* du mal) à quelqu'un.

Leiden, *v. a. fort* (litt, gelitten), souffrir.

Leist, *pour* Leisten, *n. m. gén.* s, *pl. invar.* forme (de soulier); || der Schuster bleib' bei seinem Leist, que le cordonnier reste auprès de sa forme (qu'il ne fasse que son métier). (*Comp. le proverbe latin:* Ne sutor supra crepidam.)

Lenz, *n. m. gén.* es, *pl.* e, printemps.

Lerche, *n. f. pl.* n, alouette.

Lernen, *v. a. faible*, apprendre, étudier.

Leuchten, *v. neut. faible*, éclairer, briller.

Leuchtest, 2e *pers. sing. prés. de l'ind. de* leuchten.

Leute, *pl.* gens, monde, foule.

Licht, *n. neut. gén.* es, *pl.* er, lumière (chandelle, etc.); —, *sans pl.* lumière, clarté (du jour, etc.).

Licht, *adj.* clair, éclairci (à jour);

|| in einem lichten Walde, dans une forêt éclaircie.

Lichten, *v. a. faible*, soulever, alléger.

Lieb, *adj.* cher, aimé, agréable; || einen lieb haben, aimer, chérir quelqu'un.

Lieb, *abrév. pour* Liebchen, *n. neut. gén.* s, la bien-aimée.

Liebe, *n. f. sans pl.* amour, affection; || thue das mir zu —, fais cela par amour pour moi.

Lieben, *v. a. faible*, aimer.

Liebend, *part. présent de* lieben, *et adj.* qui aime, aimant.

Lieber, *comp. de* lieb; || sein, préférer, plus volontiers.

Lieblich, *adj.* agréable, aimable, gracieux. || —, *adv.* gracieusement, agréablement.

Liebste (der, die, das), *superl. de* lieb, le plus cher, la plus chère; || vom Liebsten scheiden, quitter ce que l'on a de plus cher.

Lied, *n. neut. gén.* es, *pl.* er, chanson.

Liedchen, *n. neut. gén.* s, *pl. invar*, petite chanson, chansonnette.

Lief, 1re *et* 3e *pers. sing. de l'imparf. ind. de* laufen.

Liegen, *v. neut. fort* (lag, gelegen), être couché, étendu.

Liegt, 3e *pers. sing. prés. de l'ind. de* liegen.

Link, *adj.* gauche; || in der linken Hand, dans la main gauche.

List, *n. f. pl.* en, ruse.

Loben, *v. a. faible*, louer, faire l'éloge.

Lobsingen, *v. a. fort insép.* (lobsang, lobgesungen), chanter les louanges.

Lobsingt, 3e *pers. sing. prés. de l'ind. de* lobsingen.

Locker, *adj.* lâche, mou; || —, *au fig.* léger.

Lohn, *n. m. gén.* (e)s, *sans pl.* récompense, gages, salaire.

Lohnen, *v. a. faible*, récompenser, payer.

Lohnet, 2e *pers. pl. prés. de l'ind. et prés. du subj. de* lohnen.

Loreley, *n. prop. f.* Lorely (*nom d'une nymphe*). C'est le nom d'un rocher situé sur le bord du Rhin, en face de Oberwesel, et qui était autrefois très-dangereux pour la navigation. De là vient le conte populaire que la nymphe, die schönste Jungfrau, « la plus belle des vierges » était assise au haut du rocher et qu'elle attirait les bateliers par son chant; ces derniers, en écoutant la mélodie ravissante de sa chanson, furent entraînés par les ondes et trouvèrent une mort certaine sur les récifs cachés dans le Rhin; und, ajoute le conte, das hat mit ihrem Singen die Loreley gethan, « et cela a fait la Loreley avec son chant. » Ce conte a probablement tiré son origine de l'écho septuple du rocher Loreley. Aujourd'hui, ce rocher est traversé par un tunnel de chemin de fer.

Lottchen, *n. prop. neut. gén.* s, petite Charlotte; || Lottchens Herzeleid, le grand chagrin (de cœur) de la petite Charlotte.

Luft, *n. f. pl.* Lüfte, vent, air.

Lüften, *dat. pl. de* Luft.

Luftig, *adj.* aérien, aéré; || auf luftiger Bahn, dans l'air (*litt.* sur une voie aérienne).

Luſt, Lüſt, *n. f. pl.* Lüſte, joie, réjouissance; envie; ‖ ſeine — an etwas haben, avoir sa joie à quelque chose; zu etwas — haben, avoir envie de quelque chose.

Luſtgeſang, *n. m. gén.* (e)s, *pl.* Luſtgeſänge, chant de réjouissance.

Luſtig, *adj.* joyeux, gai. ‖ —, *adv.* joyeusement, gaiement.

Luſtiger, *comp. de* luſtig.

M

M, *neut.* m., 13e *lettre de l'alphabet.*

Mache, 1re *pers. sing. prés. de l'ind. et impérat. de* machen.

Machen, *v. a. faible,* faire, produire.

Macht, 3e *pers. sing. prés. de l'ind. de* machen.

Macht, *n. f. pl.* Mächte, pouvoir, puissance, force.

Mädchen, *n. neut. gén.* s, *pl. invar.* jeune fille.

Mag, 1re *et* 3e *pers. sing. de l'ind. de* mögen.

Mag's *pour* Mag es.

Magſt, 2e *pers. sing. prés. de l'ind. de* mögen.

Mahl, *n. neut. gén.* es, *pl.* e *et* Mähler, repas, banquet.

Mahlen, *v. a. faible,* moudre.

Mahlet, Mahlt, 3e *pers. sing. prés. de l'ind. de* mahlen.

Mai, *n. m. gén.* s, *pl.* e, mai.

Maimonat, *n. m. gén.* (e)s, *pl.* e, le mois de mai.

Man, *pron. indéf.* 3e *pers.* on; ‖ — ſagt, on dit.

Manch, *pron. indéf.* maint, beaucoup, tel.

Manche, *nom. et acc. sing. fém. et pl. de* manch.

Mancher, *nom. masc. gén. et dat. fém. de* manch.

Mann, *n. m. gén.* es, *pl.* Männer, homme, mari, époux.

Männer, *pl. de* Mann.

Märchen *ou* Mährchen, conte; ‖ ein — aus alten Zeiten, un conte du vieux (ancien) temps.

Mauer, *n. f. pl.* n, mur.

Maus, *n. f. pl.* Mäuſe, souris.

Mehl, *n. neut. gén.* (e)s, *pl.* e, farine.

Mehr, *adv. compar. de* viel, plus, davantage.

Meile, *n. f. pl.* n, mille (*distance*).

Mein, Meine, Mein, *pron. poss.* mon, ma, *pl.* meine, mes.

Meine, *nom. et acc. sing. fém. et nom. et acc. pl. du pron. poss.* mein.

Meinen, *v. neut. faible,* penser, croire.

Meiner, *gén. de* ich; *gén. et dat. sing. fém. et gén. pl. du pron. poss. de* mein.

Meint, 3e *pers. sing. prés. de l'ind. de* meinen.

Meiſt, *adj.* (*superl. de* mehr), le plus; ‖ am meiſten, le plus, la plupart.

Meiſter, *n. m. gén.* s, *pl. invar.* maître, patron; ‖ und den — will ich loben, et je rendrai hommage (*litt.* je veux louer) au maître (le Créateur).

Melodei, *poét. pour* Melodie, *n. f. pl.* en, mélodie; ‖ eine wunderſame, gewaltige —, une merveilleuse, puissante (entraînante) mélodie.

Menſch, *n. m. gén.* en, *pl.* en, homme (*en tant qu'être humain*).

Merk', 2e *pers. sing. de l'impérat. de* merken; ‖ — dir dieſes Liedchen gut, retiens bien cette chansonnette.

Merken, *v. a. faible,* marquer, remarquer, faire attention, retenir.

Mich, *acc. de* ich.

Milch, *n. f. sans pl.* lait.

Mild, *adj.* doux, affable, bénin.

Milde, *n. f. sans pl.* douceur, affabilité.

Mir, *dat. de* ich.

Mißgunst, *n. f. sans pl.* envie, jalousie, malveillance.

Mit, *prép.* (*gouverne le datif*), avec.

Mitbringen, *v. a. irrég. sép.* (du brachtest mit, mitgebracht), apporter, amener (*voy.* Bringen).

Mochte, 1re *et* 3e *pers. sing. de l'imparf. ind. de* mögen.

Möchte, Möcht', 1re *et* 3e *pers. sing. imparf. du subj. de* mögen.

Möchten, 1re *et* 3e *pers. pl. imparf. du subj. de* mögen.

Mög', *prés. du subj. de* mögen.

Mögen, *v. a. irrég.* (ich mag, du magst, mochte, *subj.* möchte; gemocht), pouvoir, vouloir, désirer.

Möglich, *adj. et adv.* possible, faisable; ‖ sein Möglichstes thun, faire tout son possible.

Mond, *n. m. gén.* es, *pl.* e, lune; ‖ unter allen Monden, parmi (au-dessous) toutes les lunes. (Mond *est pris souvent en poésie et dans le langage populaire dans le sens de* mois.)

Moor, *n. neut. gén.* es, *pl.* e, marais, marécage.

Moos, *n. neut. gén.* es, *pl.* e, mousse.

Morgen, *adv.* demain.

Morgen, *n. m. gén.* s, *pl. invar.* le matin.

Morgengruß, *n. m. gén.* es, *pl.* Morgengrüße, salut du matin.

Morgenlied, *n. neut. gén.* (e)s, *pl.* er, chanson du matin.

Morgenluft, *n. f. pl.* Morgenlüfte, l'air (vent) du matin.

Morgenroth, *n. neut. gén.* (e)s, *sans pl.* aurore.

Morgenschön (*poét.*) *adj.* beau (belle) comme le matin.

Morgenstrahl, *n. m. gén.* (e)s, *pl.* en, rayon (du soleil) du matin.

Morgenthau, *n. m. gén.* (e)s, *sans pl.* rosée du matin.

Mücklein, *n. neut. gén.* s, *pl. invar.* petite mouche.

Müde, *adj.* fatigué, las; ‖ — sein, être fatigué.

Mühe, *n. f. pl.* n, peine, fatigue, effort; ‖ sich — geben, faire des efforts, se donner de la peine.

Mühle, *n. f. pl.* n, moulin; ‖ die — klappert, le moulin claque.

Müller, *n. m. gén.* s, *pl. invar.* meunier.

Munter, *adj.* alerte, vif, gai.

Musiciren, *v. neut. faible,* faire de la musique. ‖ —, *n. neut. gén.* s, action de faire de la musique.

Muskateller, *n. m. gén.* s, vin de muscat.

Müssen, *v. a. irrég.* (ich muß, du mußt, mußte, *subj.* müßte; gemußt), devoir, falloir.

Muß, 1re *et* 3e *pers. sing. prés. de l'ind. de* müssen.

Muth, *n. m. gén.* es, *sans pl.* courage, bravoure.

Muthig, *adj.* courageux, brave. ‖ —, *adv.* courageusement, bravement.

Mutter, *n. f. pl.* Mütter, mère.
Mütze, *n. f. pl.* n, casquette, bonnet.

N

N, *neut.* n, 14e *lettre de l'alphabet.*
Nach, *prép.* (*gouverne le datif*), vers, à, après, d'après.
Nacheilen, *v. neut. faible sép.* poursuivre quelqu'un, courir après.
Nachhallen, *v. neut. faible sép.* retentir, résonner, reproduire (*en parl. de l'écho, du son*).
Nacht, *n. f. pl.* Nächte, nuit.
Nachtgebet, *n. neut. gén.* (e)s, *pl.* e, prière du soir.
Nachtigall, *n. f. pl.* en, rossignol; ‖ der Schlag der — le chant (*litt.* le battement) du rossignol.
Nachwallen, *v. n. faible,* marcher après, suivre quelqu'un; suivre quelqu'un en pèlerinage.
Nah *ou* Nahe, *adv. et adj.* proche, près de.
Nahen (sich), *v. réfl. faible,* s'approcher.
Nähren, *v. a. faible,* nourrir.
Nährt, 3e *pers. sing. prés. de l'ind. de* nähren.
Name, *n. m. gén.* ns, *pl.* n, nom.
Nase, *n. f. pl.* n, nez; ‖ einen Schnurrbart an der Nasen (*pour* Nase), des moustaches sous le nez (*litt.* au nez).
Naß, *adj.* humide, mouillé; ‖ die nasse Erde, la terre mouillée, trempée.
Natur, *n. f. pl.* en, nature, tempérament.
'Naus. *Voy.* Hinaus.
Nehmen, *v. a. fort* (du nimmst, er nimmt, nahm, genommen), prendre, recevoir; ‖ zu Herzen —, prendre à cœur.
Neid, *n. m. gén.* es, *sans pl.* envie, jalousie.
Nein, *adv.* non.
Nestchen, *n. neut. gén.* s, *pl. invar.* petit nid.
Neu, *adj.* nouveau, neuf.
Neuem, *dat. masc. et neut. de* neu.
Nicht, *adv.* ne, ne pas, pas, ne point.
Nichts, *pron. indéf.* rien.
Nichts, *n. indécl.* (un) rien, néant.
Nie, *adv.* jamais, ne jamais.
Nieder, *adj.* bas, inférieur. ‖ —, *adv.* en bas; ‖ auf und nieder, en haut et en bas (*mouvement*).
Niederlassen (sich), *v. réfl. fort sép.* (du läßt dich nieder, ließ sich nieder, sich niedergelassen), s'assoir, prendre place, s'établir (*voy.* Lassen).
Niemals, *adv.* jamais.
Nimm, *impérat. de* nehmen. ‖ Nimm mit der Maus fürlieb, contente-toi de la souris.
Nimmer, *adv.* jamais.
Nimmst, 2e *pers. sing. prés. de l'ind. de* nehmen.
Nimmst... fort. *Voy.* Fortnehmen.
Nirgends, *adv.* nulle part.
Nit. *Voy.* Nicht.
Noch, *adv.* encore. ‖ —, *conj.* ni; weder... noch, ni... ni.
Noth, *n. f. sans pl.* nécessité, besoin, détresse, misère; ‖ es hat keine —, il n'y a pas de danger. ‖ —, *adj. indécl.* ce qui est nécessaire; es thut — cela est nécessaire, on a besoin de cela.
Nöthig, *adj.* nécessaire.

Nun, *adv.* maintenant, à présent.

Nur, *adv.* seulement; ‖ nicht nur... sondern auch..., pas seulement... mais encore. ‖ —, *conj.* ne... que.

Nützlich, *adj.* utile.

O

O, *neut.* o, *voyelle*, 15e *lettre de l'alphabet.*

O! *interj.* oh!

Ob, *conj.* si, que.

Oben, *adv.* en haut, là haut.

Odem (*poét. pour* Athem), *n. m. gén.* s, *sans pl.* souffle, haleine.

Oder, *conj.* ou; ‖ entweder..... —, ou... ou.

Oft, *adv.* souvent; ‖ zu —, trop souvent.

Ohne, *prép.* (*gouverne l'acc.*) sans.

Ohr, *n. neut. gén.* (e)s, *pl.* en, oreille.

Ort, *n. m. gén.* (e)s, *pl.* e, *et* Oerter, endroit, lieu, place.

P

P, *neut.* p, 16e *lettre de l'alphabet.*

Page, *n. m. gén.* n, *pl.* n, page (*enfant ou jeune homme noble servant auprès d'un prince, etc.*).

Palast, *n. m. gén.* es, *pl.* Paläste, palais.

Panier, *n. neut. gén.* s, *pl.* e, drapeau, étendard, bannière; ‖ deutsch —, drapeau allemand.

Peitschenhieb, *n. m. gén.* es, *pl.* e, coup de fouet *ou de* cravache.

Pfad, *n. m. gén.* es, *pl.* e, sentier.

Pfand, *n. neut. gén.* es, *pl.* Pfänder, gage.

Pfeffernuß, *n. f. pl.* Pfeffernüsse, croquignole de pain d'épice.

Pfeifen, *v. a. fort* (pfiff, gepfiffen), siffler.

Pfeifen, *n. neut. gén.* s, *sans pl.* sifflement (action de siffler).

Pfeil, *n. m. gén.* (e)s, *pl.* e, flèche.

Pferd, *n. neut. gén.* es, *pl.* e, cheval.

Pferdchen, *n. neut. gén.* s, *pl. invar.* petit cheval.

Pflegen, *v. a. faible*, soigner; ‖ — (sich), se soigner.

Pflegt, 3e *pers. sing. prés. de l'ind. de* pflegen.

Pflegtest, Pflegtst, 2e *pers. sing. prés. de l'ind. de* pflegen.

Pflicht, *n. f. pl.* en, devoir.

Pflücken, *v. a. faible*, cueillir (*des fleurs, etc.*).

Pflücket, 2e *pers. pl. prés. de l'ind. de* pflücken.

Pilgerleben, *n. neut. gén.* s, *sans pl.* vie de pèlerin.

Plage, *n. f. pl.* n, calamité, fléau, plaie.

Pracht, *n. f. sans pl.* magnificence, splendeur, éclat.

Prahlen, *v. neut. faible*, se vanter, faire valoir.

Prahlst, 2e *pers. sing. prés. de l'ind. de* prahlen.

Prangen, *v. neut. faible*, briller; faire parade. ‖ ..... die wie Milch und Purpur prangen, ... qui brillent (ont l'aspect) comme (la blancheur) du lait et (la couleur) de la pourpre (c'est-à-dire qui ont l'aspect d'une santé resplendissante).

Pulver, *n. neut. gén.* s, *pl. invar.* poudre.

Pur, *adj.* pur, véritable; || aus purem Golde, (fait) d'or pur.

Purpur, *n. m. gén.* s. *sans pl.* pourpre.

Q

Q (*prononcez* cou), *neut.* q, 17e *lettre de l'alphabet.*

Quell, *n. m. gén.* (e) s *et* Quelle, *n. f. pl.* en, source.

R

R, *neut.* r, 18e *lettre de l'alphabet.*

Rad, *n. neut. gén.* es, *pl.* Räder, roue.

Räder, *pl. de* Rad.

Rasch, *adj.* prompt, vif. || —, *adv.* promptement, vivement.

Rascher, *comp. de* rasch.

Rasen, *n. m. gén.* s, *pl. invar.* gazon.

Rath, *n. m. gén.* es, *sans pl.* avis, conseil.

Rathen, *v. a. fort* (du räthst, er räth, rieth, *subj.* riethe; gerathen), conseiller.

Raum, *n. m. gén.* es, *pl.* Räume, espace; durée (*au fig.*) || des Lebens —, la durée de la vie.

Räumen, *v. a. faible*, ôter, enlever, *au fig.* quitter; || das Feld —, quitter, abandonner le champ (de bataille).

Räumet, räumt, 3e *pers. sing. prés. de l'ind. de* räumen.

Rauschen, *v. impers. faible*, bruire, mugir; murmurer.

Rauschend, *adj. et part. prés. de* rauschen, bruissant, mugissant.

Recht, *adj.* droit, juste, bien. || —, *adv.* justement, très, véritablement.

Recht, *n. neut. gén.* (e) s, *pl.* e, raison, droit, justice.

Rechte, *n. f. pl.* n, main droite; || zu meiner Rechten, à ma (main) droite.

Redlich, *adj.* honnête, probe, loyal.

Redlichkeit, *n. f. sans pl.* honnêteté, probité, loyauté.

Regen, *v. a. faible*, mouvoir, agiter. || — (sich), se mouvoir, s'agiter.

Regen, *n. m. gén.* s, *pl. invar.* pluie.

Regieren, *v. a. faible*, gouverner.

Regieren, *n. neut. gén.* s, *sans pl.* action de gouverner, gouvernement.

Reh, *n. neut. gén.* (e) s, *pl.* e, chevreuil.

Reich, *n. neut. gén.* es, *pl.* e, empire, royaume.

Reich, *adj.* riche.

Reichen, *v. a. faible*, tendre, donner. || ... kann dir die Hand nicht reichen,..... je ne puis pas te tendre la main.

Reicher, *compar. de* reich.

Reichlich, *adj.* riche, abondant, suffisant. || —, *adv.* richement, abondamment, suffisamment.

Reigen, *n. m. gén.* s, rang, cercle; || den — tanzen, danser en rond.

Rein, *adj.* pur. || —, *adv.* purement; entièrement.

Reinst, Reinsten, *superl. de* rein.

Reitersmann (*poét.*), *n. m. gén.* es, *pl.* Reitersmänner (*rare*), cavalier.

Rekrut, *n. m. gén.* en, *pl.* en, recrue.

Rhein, *n. m. gén.* s, *sans pl.* Rhin (*fleuve*). ‖ Ruhig fließet der Rhein, le Rhin coule tranquillement (sans bruit).

Rief, 1re *et* 3e *pers. sing. de l'imparf. ind. de* rufen.

Ritter, *n. m. gén.* s, *pl. invar.* chevalier.

Rose, *n. f. pl.* n, rose.

Rosig, **Rosicht**, *adj.* rose, rosé.

Röslein, *n. neut. gén.* s, *pl. invar.* petite rose. ‖ — auf der Haiden, petite rose de la bruyère.

Roß, *n. neut. gén.* es, *pl.* e, beau cheval, coursier (*sens opposé au mot français*); ‖ ... heute noch auf stolzen Rossen, ... encore aujourd'hui (montés) sur des chevaux superbes.

Roth, *adj.* rouge.

Rufen, *v. neut. fort* (rief, gerufen), appeler (*ce verbe s'emploie avec le datif*).

Ruft, 3e *pers. sing. prés. de l'ind. de* rufen.

Ruhe, **Ruh'**, *n. f. sans pl.* repos, calme.

Ruhen, *v. neut. faible*, reposer, dormir.

Ruhig, *adj.* tranquille, calme. ‖ —, *adv.* tranquillement.

Ruhm, *n. m. gén.* (e)s, *sans pl.* gloire; renommée.

S, *neut.* s, 19e *lettre de l'alphabet.*

Saal, *n. m. gén.* es, *pl.* Säle, salon; ‖ im Saale, dans le salon.

Säbel, *n. m. gén.* s, *pl. invar.* sabre.

Sagen, *v. a. faible*, dire.

Sagt, 3e *pers. sing. prés. de l'ind. de* sagen.

Sah, 1re *et* 3e *pers. sing. de l'imparf. ind. de* sehen.

Sanft, *adj.* doux, tendre.

Sang, *n. m. gén.* (e)s, *pl.* Sänge (*pour* Gesang), chant.

Sänger, *n. m. gén.* s, *pl. invar.* chanteur, trouvère.

Saß, 1re *et* 3e *pers. sing. de l'imparf. ind. de* sitzen.

Saßen, 1re *et* 3e *pers. pl. de l'imparf. ind. de* sitzen.

Sauer, *adj.* sûr, aigre. ‖ —, *au fig.* pénible, dur; es fällt ihm sauer, cela lui est pénible.

Säuseln, *v. neut. faible*, s'agiter doucement (l'air), murmurer.

Säuselt, 3e *pers. sing. prés. de l'ind. de* säuseln.

Sausen, *v. neut. faible*, siffler, bruire.

Saust, 3e *pers. sing. prés. de l'ind. de* sausen.

Saust... zu. *Voy.* Zusausen.

Schaffen, *v. a. fort* (schuf, *subj.* schüfe; geschaffen), créer; *pop.* travailler.

Schafft, 3e *pers. sing. prés. de l'ind. de* schaffen.

Schall, *n. m. gén.* (e)s, *pl.* Schälle, son, bruit, résonnement, retentissement; ‖ mit Sang und Schalle, *loc.* avec chant et résonnement.

Schallen, *v. neut. faible*, résonner, retentir.

Schallt, 3e *pers. sing. prés. de l'ind. de* schallen.

Schallt... durch. *Voy.* Durchschallen.

Schallt... wieder. *Voy.* Wiederschallen.

Schallte, 3e *pers. sing. de l'imparf. ind. de* schallen.

Scharf, *adj.* tranchant, aigu; perçant; ‖ —zielen, bien viser.

Schatten, *n. m. gén.* s, *pl. invar.* ombre, ombrage.
Schauen, *v. a. et neut. faible,* regarder, examiner.
Schaut, 3ᵉ *pers. sing. prés. de l'ind. de* schauen.
Schaut... hinauf. *Voy.* Hinaufschauen.
Schaute... drein. *Voy.* Dreinschauen.
Schauten, 1ʳᵉ *et* 3ᵉ *pers. pl. de l'imparf. ind. de* schauen.
Scheiden, *v. neut. fort* (schied, geschieden), se séparer, se quitter. || —, *v. a. faible,* séparer, décomposer.
Scheiden, *n. neut. gén.* s, *sans pl.* action de se séparer, séparation.
Schein, *n. m. gén.* es. *pl.* e, lueur, clarté; aspect, apparence.
Scheinen, *v. neut. fort* (schien, geschienen), luire, briller; paraître, avoir l'air.
Scheint, 3ᵉ *pers. sing. prés. de l'ind. de* scheinen.
Schenken, *v. a. faible,* donner, faire cadeau; verser à boire; || ein Glas voll —, remplir un verre.
Schenkt, 3ᵉ *pers. sing. prés. de l'ind. de* schenken.
Scherz, *n. m. gén.* es, *pl.* e, plaisanterie, raillerie.
Scherzen, *v. neut.* plaisanter, railler, badiner. || —, *v. a.* moquer.
Scheuen, *v. a. faible,* craindre, appréhender. || — (sich), avoir peur.
Scheut, 3ᵉ *pers. sing. prés. de l'ind. de* scheuen.
Schieße... zu. *Voy.* Zuschießen.
Schießen, *v. neut. fort* (schoß, *subj.* schösse; geschossen), tirer (des coups de fusil, etc.); || er schießt auf ..., il tire sur...
Schießgewehr, *n. neut. gén.* (e)s, *pl.* e, fusil.
Schießt, 3ᵉ *pers. sing. prés. de l'ind. de* schießen.
Schiffer, *n. m. gén.* s, *pl. invar.* batelier, nautonnier.
Schilf, *n. m. et neut. gén.* es, *pl.* e, roseau, jonc.
Schirm, *impérat. de* schirmen; || — dich Gott, que Dieu te protége.
Schirmen, *v. a. faible,* abriter, protéger.
Schlacht, *n. f. pl.* en, bataille.
Schlachtfeld, *n. neut. gén.* (e)s, *pl.* er, champ de bataille.
Schlaf, *n. m. gén.* (e)s, *sans pl.* sommeil; repos.
Schlafen, *v. neut. fort* (du schläfst, er schläft, schlief, *subj.* schliefe; geschlafen), dormir; reposer.
Schläfst, 2ᵉ *pers. sing. prés. de l'ind. de* schlafen.
Schlag, *n. m. gén.* es, *pl.* Schläge, coup; chant (du rossignol, de la caille et quelques autres oiseaux).
Schlagen, *v. a. fort* (du schlägst, er schlägt, schlug, *subj.* schlüge; geschlagen), battre, frapper.
Schlagen, *n. neut. gén.* s, *sans pl.* action de battre; chant; cri; || Filomelens Schlagen, le chant du rossignol.
Schlagen... aus. *Voy.* Ausschlagen.
Schließen, *v. neut. fort* (schloß, *subjonct.* schlösse; geschlossen), fermer. || — (sich), se fermer.
Schließet... ein. *Voy.* Einschließen (sich).
Schließt, 3ᵉ *pers. sing. prés. de l'ind. de* schließen.
Schließt... auf. *Voyez* Aufschließen.

Schlingen, *v. a. fort* (schlang, *subj.* schlänge; geschlungen), enlacer.

Schlingt, 3e *pers. sing. prés. de l'ind. de* schlingen.

Schlittenfahrt, *n. f. pl.* en, action d'aller en traîneau, partie de traîneau.

Schlug, 1re *et* 3e *pers. sing. de l'imparf. ind. de* schlagen.

Schmecken, *v. a. faible*, goûter, savourer. ‖ —, *v. neut.* avoir du goût.

Schmeckt, 3e *pers. sing. prés. de l'ind. de* schmecken; ‖ es — gut, cela a du bon goût, c'est bon.

Schmerz, *n. m. gén.* es *et* ens, *pl.* en, douleur.

Schmettern, *v. a. faible*, résonner (la trompette); ‖ die Trompete schmettert darein, la trompette se fait entendre d'une manière retentissante.

Schmücken, *v. a. faible*, parer, orner. ‖ — (sich), se parer.

Schmückt, 3e *pers. sing. prés. de l'ind. de* schmücken.

Schmutz, *n. m. gén.* es, *sans pl.* saleté, ordure, boue, tache.

Schnee, *n. m. gén.* s, *sans pl.* neige.

Schneien, *v. impers. faible*, neiger.

Schneit, *prés. de l'ind. de* schneien.

Schnell, *adj.* vite, rapide, prompt. ‖ —, *adv.* rapidement, promptement.

Schnepfe, *n. f. pl.* n, bécasse.

Schnurrbart, *n. m. gén.* (e)s, *pl.* Schnurrbärte, moustache.

Schon, *adv.* déjà.

Schön, *adj.* beau. ‖ — *adv.* bien.

Schönen (die), *n. f. pl.* les belles (dames).

Schöner, *comp.* de schön.

Schönes, *neut. de* schön; ‖ etwas Schönes, quelque chose de beau.

Schönheit, *n. f. sans pl.* beauté.

Schönste, *superl. de* schön.

Schooß *ou* Schoos, *n. m. gén.* es, *pl.* Schöße, sein; genoux; ‖ ... die Damen blickten in den Schooß, les dames baissèrent les yeux (*litt.* regardèrent sur leurs genoux).

Schöpfer, *n. m. gén.* s, *pl. invar.* le Créateur, Dieu.

Schöpfung, *n. f. pl.* en, création.

Schrecken, *v. a. faible*, effrayer.

Schrecket, Schreckt, 3e *pers. sing. prés. de l'ind. de* schrecken.

Schreiben, *v. a. fort* (schrieb, geschrieben), écrire.

Schreien, *v. neut. fort* (schrie, geschrieen), crier.

Schreien, *n. neut. gén.* s, *sans pl.* action de crier.

Schreite... durch. *Voy.* Durchschreiten.

Schreiten, *v. neut. fort* (schritt, geschritten), marcher.

Schritt, *n. m. gén.* (e)s, *pl.* e, pas, démarche.

Schrot, *n. neut. gén.* es, *pl.* e, grain de plomb.

Schuster, Schuhmacher, *n. m. gén.* s, *pl. invar.* cordonnier.

Schütz, *n. m. gén.* en, *pl.* en, chasseur, tireur.

Schwanken, *v. neut. faible*, chanceler, vaciller.

Schwankt... heran. *Voy.* Heranschwanken.

Schwarz, *adj.* noir; ‖ —es Brod, du pain noir.

Schweben, *v. neut. faible*, planer, être suspendu.

Schwebt, 3e *pers. sing. prés. de l'ind. de* schweben.

Schwein, *n. neut. gén.* es, *pl.* e, cochon, porc.

Schweizerbu *pour* Schweizerbub, *n. m. gén.* (b)en, *pl.* (b)en, garçon suisse (petit Suisse).

Schwellen, *v. neut. fort* (du schwillst, er schwillt, schwoll, *subj.* schwölle; geschwollen), gonfler, enfler; se gonfler. || —, *v. a. faible*, gonfler, enfler.

Schwellt, 3e *pers. sing. prés. de l'ind. de* schwellen (*v. a. faible*); || — hervor, gonfle en dehors, avance en se gonflant; se remplit d'air (une voile).

Schwer, *adj.* lourd, pesant, difficile.

Schwimmen, *verbe neutre fort* (schwamm, *subj.* schwömme; geschwommen), nager; flotter.

Schwimmend, *adj. et part. prés.* ce qui nage, nageant.

Schwör, *impérat. de* schwören.

Schwören, *v. a. faible et v. neut. fort* (schwur, geschworen), jurer; prêter serment.

See, *n. m. gén.* s, *pl.* e, lac.

See, *n. f. pl.* n, la mer.

Seele, *n. f. pl.* n, âme; esprit, cœur.

Segel, *n. m. gén.* s, *pl. invar.* voile (d'un navire); || mit vollen — n, à pleines voiles.

Sehen, *v. a. fort* (du siehst, er sieht, sah, *subj.* sähe; gesehen), voir.

Seh'n... wieder. *Voy.* Wiedersehen.

Sehr, *adv.* très, fort, bien, beaucoup.

Seht, Sehet, 2e *pers. pl. prés. de l'ind. de* sehen.

Sei, 2e *et* 3e *pers. sing. de l'impér.* 1re *et* 3e *pers. sing. prés. du subj. du verbe* sein.

Seid, 2e *pers. pl. prés. de l'ind. et de l'impérat. de* sein.

Sein, *v. auxil.* (ich bin, du bist, er ist, wir sind, ihr seid, sie sind; war, *subj.* wäre; gewesen), être.

Sein, Seine, *adj. poss.* 3e *pers.* son, sa.

Seinem, *dat. sing. m. et neut. de* sein.

Seiner, *gén.* 3e *pers. de l'adj. poss.* sein, *du pron. pers.* er, *et du pron. réfl.* de son, de sa, de lui, de soi.

Seite, *n. f. pl.* n, côté; page.

Sekunde, *n. f. pl.* n, une seconde.

Selbst, *adj. dém. et adv. indécl.* même; ich, du, er ... selbst, moi-même, toi-même, lui-même.

Selig, *adj.* bienheureux; || in seligem Schlummer, dans un sommeil tranquille, doux; meine selige Mutter, feue ma mère.

Senken, *v. a. faible*, baisser, abaisser, descendre.

Setzen, *v. a. faible*, asseoir. || — (sich), s'asseoir.

Setzt, 3e *pers. sing. prés. de l'ind. de* setzen.

Setzt... an. *Voy.* Ansetzen.

Seufzen, *v. neut. faible*, soupirer, gémir.

Seufzt, 3e *pers. sing. prés. de l'ind. de* seufzen.

Sich, *pron. réfléch.* 3e *pers.* (*dat. et acc.*) se, soi, à soi.

Sicher, *adj.* sûr, certain, garanti. || —, *adv.* sûrement, certainement.

Sicherheit, *n. f. sans pl.* sûreté, sécurité; confiance.

Sie, *pron. pers.* 3e *pers. f. sing.*

2ᵉ *pers. pl.* (*terme de politesse pour* Ihr, vous), *et* 3ᵉ *pers. pl.* elle; vous; ils.

Sieh, *impérat. de* sehen.

Siehst... wieder. *Voy.* Wiedersehen.

Sieht, 3ᵉ *pers. sing. prés. de l'ind. de* sehen.

Sieht... zu. *Voy.* Zusehen.

Silber, *n. neut. gén.* s, *sans pl.* argent (*métal*).

Silberhell, *adj.* clair comme de l'argent, argentin.

Silberlicht, *n. neut. gén.* (e)s, *sans pl.* lumière argentine, lumière blanche (brillante) comme argent.

Sind, 1ʳᵉ *et* 3ᵉ *pers. pl. prés. de l'ind. du verbe* sein.

Singe, 1ʳᵉ *pers. sing. prés. de l'ind.* 1ʳᵉ *et* 3ᵉ *pers. sing. prés. du subj. et impér. de* singen.

Singen, *v. a. fort* (sang, *subj.* sänge; gesungen), chanter.

Singen, *n. neut. gén.* s, *sans pl.* action de chanter, le chant.

Singest, Singst, 2ᵉ *pers. sing. prés. de l'ind. de* singen.

Singt, Singet, 3ᵉ *pers. sing. et* 2ᵉ *pers. pl. prés. de l'ind. de* singen.

Sinn, *n. m. gén.* es, *pl.* e, sens; sentiment, goût.

Sitzen, *v. neut. fort* (saß, *subj.* säße; gesessen), être assis.

Sitzt, Sitzet, 3ᵉ *pers. sing. prés. de l'ind. de* sitzen.

So, *adv.* si, ainsi, tellement, de cette façon.

So, *conj.* si, cependant, quand, aussi.

Sogleich, *adv.* de suite, aussitôt, immédiatement.

Soldat, *n. m. gén.* en, *pl.* en, soldat.

Soldatentoilette, *n. f. pl.* n, toilette du soldat.

Soll, 1ʳᵉ *et* 3ᵉ *pers. sing. prés. de l'ind. de* sollen.

Sollen, *v. a. irr.* (sollte, gesollt), devoir.

Sollst, 2ᵉ *pers. sing. prés. de l'ind. de* sollen.

Sollte, 1ʳᵉ *et* 3ᵉ *pers. sing. de l'imparf. de l'ind. et du subj. de* sollen.

Sommer, *n. m. gén.* s, *pl. invar.* été.

Sommerblume, *n. f. pl.* n, fleur d'été.

Sommerlied, *n. neut. gén.* (e)s, *pl.* er, chanson d'été.

Sommerschein (*poét.*), *n. m. gén.* (e)s, *sans pl.* éclat de l'été.

Sommerzeit, *n. f. pl.* en, été, saison d'été.

Sonder, *prép.* (*gouv. l'acc.*), sans.

Sondern, *conj.* mais; ‖ nicht nur, sondern auch..., non-seulement, mais aussi...

Sonne, *n. f. pl.* n, soleil.

Sonnenaufgang, *n. m. gén.* (e)s, *sans pl.* lever du soleil.

Sonnenglut, *n. f. sans pl.* ardeur du soleil.

Sonnenschein, *n. m. gén.* (e)s, *sans pl.* lumière du soleil.

Sonnenstrahl, *n. m. gén.* (e)s, *pl.* en, rayon du soleil.

Sonnenuntergang, *n. m. gén.* (e)s, *sans pl.* coucher du soleil.

Sonnig, *adj.* brillant, clair, lumineux; éclairé par le soleil; ‖ auf —en Höhen, sur des hauteurs éclairées par le soleil.

Sonst, *adv.* autrement, sans quoi; autrefois.

Sorge, *n. f. pl.* n, soin, sollicitude, souci, peine.

Sorgen, *v. neut. faible*, avoir *ou* prendre soin de, avoir de la sollicitude; s'inquiéter de, se soucier de.

Sorgsam, *adj.* soigneux, attentif; scrupuleux.

Sorgt, 3e *pers. sing. prés. de l'ind. de* sorgen.

Spazieren, *v. neut. faible*, se promener; ‖ — gehen, se promener à pied.

Sperling, *n. m. gén.* s, *pl.* e, moineau (*oiseau*).

Spiegeln, *v. neut. faible*, refléter, briller. ‖ — (sich), se mirer.

Spiegelt (sich), 3e *pers. sing. prés. de l'ind. de* spiegeln.

Spiel, *n. neut. gén.* (e)s, *pl.* e, jeu.

Spielchen, *n. neut. gén.* s, *pl. invar.* petit jeu.

Spielen, *v. neut. faible*, jouer.

Spielst, 2e *pers. sing. prés. de l'ind. de* spielt.

Spielt, 3e *pers. sing. prés. de l'ind. de* spielen.

Splittern, *v. a. et neut. faible*, fendre en éclats, se fendre en éclats.

Sporn, *n. m. gén.* s, *pl.* e, *et plus souvent* Sporen, éperon.

Sprach, 1re *et* 3e *pers. sing. de l'imparf. ind. de* sprechen.

Sprechen, *v. a. et neut. fort* (du sprichst, sprach, *subj.* spräche; gesprochen), parler.

Spricht, 3e *pers. sing. prés. de l'ind. de* sprechen.

Spricht... an. *Voy.* Ansprechen.

Sprichwort, *n. neut. gén.* (e)s, *pl.* Sprichwörter, proverbe.

Springen, *v. neut. fort* (sprang, *subj.* spränge; gesprungen), sauter (en courant), courant.

Springet... ein. *Voy.* Einspringen.

Springt, 3e *pers. sing. prés. de l'ind. de* springen.

Springt... hervor. *Voy.* Hervorspringen.

Springt... weiter. *Voy.* Weiterspringen.

Sprung, *n. m. gén.* es, *pl.* Sprünge, saut.

Staar, *n. m. gén.* (e)s, *pl.* e, étourneau *ou* sansonnet (*oiseau*).

Stach, 1re *et* 3e *pers. sing. de l'imparf. ind. de* stechen.

Stadt, *n. f. pl.* Städte, ville.

Städtel (*pour* Städtchen), *n. neut. gén.* s, *pl. invar.* petite ville.

Städter, *n. m. gén.* s, *pl. invar.* habitant de ville, citadin (*de* Stadt, ville).

Stamm, *n. m. gén.* es, *pl.* Stämme, tronc, tige; souche, lignée, race.

Stand, 1re *et* 3e *pers. sing. de l'imparf. ind. de* stehen.

Stark, *adj.* fort, robuste.

Stärken, *v. a. faible*, fortifier, conforter.

Stärkt, 3e *pers. sing. prés. de l'ind. de* stärken.

Staunen, *v. neut. faible*, être étonné, surpris; déconcerté.

Staunend, *adj. et part. prés. de* staunen, surpris, étonné.

Steche, 1re *pers. sing. prés. de l'ind. de* stechen.

Stechen, *v. a. fort* (du stichst, er sticht, stach, *subj.* stäche; gestochen), piquer, percer. ‖ —, *au fig.* graver.

Steckenpferd, *n. neut. gén.* (e)s, *pl.* e, bâton avec une tête de cheval, dont les enfants se servent pour aller à califourchon.

Steckenpferdchen, *n. neut. gén.* s,

pl. invar. petit bâton-cheval (*diminut. du précédent*).

Steh, *impérat. de* stehen.

Steh'... auf *et* Stehn... auf. *Voy.* Aufstehen.

Stehen, *v. neut. fort* (stand, *subj.* stände; gestanden), être debout, se tenir debout; être placé; ‖ allein —, être seul.

Stehlen, *v. a. fort* (du stiehlst, er stiehlt, stahl, *subj.* stähle; gestohlen), voler; dérober.

Steigen, *v. neut. fort* (stieg, gestiegen), monter.

Steigt... herauf. *Voy.* Heraufsteigen.

Stein, *n. m. gén.* (e)s, *pl.* e, pierre.

Stelle... ein. *Voy.* Einstellen.

Stellen, *v. a. faible*, poser, placer, mettre.

Sterben, *v. neut. fort* (du stirbst, er stirbt, *subj.* stürbe; gestorben), mourir, expirer.

Stern, *n. m. gén.* (e)s, *pl.* e, étoile; ‖ in den Sternen, dans (auprès) les étoiles.

Sternenzelt (*poét.*), *n. neut. gén.* (e)s, ciel étoilé, firmament.

Stets, *adv.* toujours, continuellement, constamment.

Still, *adj.* tranquille, calme, silencieux; in stiller Nacht, pendant une nuit tranquille. ‖ —, *adv.* tranquillement, silencieusement.

Stimme, *n. f. pl.* n, voix.

Stimmen, *v. neut. faible*, accorder (*en mus.*), s'accorder. *Voy.* Einstimmen.

Stimmet... ein. *Voy.* Einstimmen.

Stirbt, 3e *pers. sing. prés. de l'ind. de* sterben.

Stock, *n. m. gén.* es, *pl.* Stöcke, bâton, canne.

Stolz, *adj.* fier, orgueilleux, superbe. ‖ —, *au fig.* magnifique; ‖ heute noch auf — en Rossen... aujourd'hui encore (montés) sur des chevaux magnifiques...

Strahl, *n. m. gén.* (e)s, *pl.* en, rayon, trait (*de lumière, etc.*).

Strahlen, *v. neut. faible*, rayonner, briller.

Strahlt, 3e *pers. sing. prés. de l'ind. de* strahlen.

Strand, *n. m. gén.* es, *pl.* e, bord, rivage (*de la mer*); ‖ auf dem —, sur le bord.

Streit, *n. m. gén.* (e)s, *sans pl.* combat, bataille; querelle, différend; ‖ die Trommel schlug zum Streite, le tambour batta pour la bataille.

Streiten, *v. neut. fort* (stritt, gestritten), combattre; quereller, disputer.

Streuen, *v. a. faible*, répandre; jeter.

Strom, *n. m. gén.* (e)s, *pl.* Ströme, courant, torrent, fleuve; ‖ den — hinan, hinauf *ou* aufwärts, amont, en remontant la rivière, contre le courant; den — hinab *ou* abwärts, en descendant la rivière, le torrent.

Strömen, *v. neut. faible*, couler avec rapidité.

Strömen... zu. *Voy.* Zuströmen.

Strömt, 3e *pers. sing. prés. de l'ind. de* strömen.

Strömt... zu. *Voy.* Zuströmen.

Stück, *n. neut. gén.* (e)s, *pl.* e, morceau, pièce.

Stückchen, *n. neut. gén.* s, *pl. invar.* petit morceau, petite pièce.

Stühlchen, *n. neut. gén.* s, *pl. invar.* petit chaise.

Stunde, *n. f. pl.* n, heure; lieue.

Stürmen, *v. neut. faible*, faire une tempête, un orage. ‖ —, *au fig.* précipiter (*sur quelqu'un ou quelque chose*).

Such', *impérat. de* suchen.

Suchen, *v. a. faible*, chercher, rechercher.

Sucht, 3e *pers. sing. prés. de l'ind. de* suchen.

Summ, Summ, *impérat. de* summen. ‖ Bienchen, summ herum, petite abeille, bourdonne autour.

Summen, *v. neut. faible*, bourdonner.

Summen... herum. *Voy.* Herumsummen.

Sumpf, *n. m. gén.* es, *pl.* Sümpfe, marais.

Süß, *adj.* doux; sucré.

Süßem, *dat. m. et neut. de* süß.

Süßer, *compar. de* süß.

Süßes, *neut. de* süß.

Symbol, *n. neut. gén.* (e)s, *pl.* e, symbole.

T

T, *neut.* t, 20e *lettre de l'alphabet.*

Tag, *n. m. gén.* es, *pl.* e, jour, journée.

Tageslauf, *n. m. gén.* es, *sans pl.* durée de la journée.

Tannenbaum, *n. m. gén.* (e)s, *pluriel* Tannenbäume, sapin (*arbre*).

Tanzen, *v. neut. faible*, danser.

Tapp, tipp, *onomat.* imitant le bruit des pas du cheval.

Tasche, *n. f. pl.* n, poche.

Taschenuhr, *n. f. pl.* en, montre (de poche).

Tausendfach, *adj.* mille fois autant.

Thal, *n. neut. gén.* es, *pl.* Thäler, vallée, vallon.

That, *n. f. pl.* en, action, fait.

Thau, *n. m. gén.* (e) s, *sans pl.* rosée.

Thor, *n. neut. gén.* es, *pl.* e, porte, porte-cochère.

Thräne, *n. f. pl.* n, larme.

Thronen, *v. n. faible*, trôner, être sur un trône.

Thront, 3e *pers. sing. prés. de l'ind. de* thronen.

Thu, *impérat. de* thun.

Thun, *v. a. fort* (ich thue, du thust, er thut, that, *subj.* thäte; gethan), faire, exécuter.

Thurm, *n. m. gén.* es, *pl.* Thürme, tour; ‖ in den Thürmen, dans les tours.

Tick-Tack, *n. neut. indécl.* tictac (*bruit du mouvement des montres*).

Tief, *adj.* profond, en bas.

Ticke-Tacke, *n. neut. indécl.* tictac (*bruit du mouvement des petites montres*).

Tinte, *n. f. pl.* n, encre.

Tiriliren, *n. neut. gén.* s, *sans pl.* action de chanter la tyrolienne.

Tisch, *n. m. gén.* es, *pl.* e, table.

Tod, *n. m. gén.* es, *sans pl.* la mort.

Todt, *adj.* mort, décédé.

Ton, *n. m. gén.* es, *pl.* Töne, son, ton; note.

Tönen, *v. neut. faible*, *résonner.*

Tönen, *dat. pl. de* Ton.

Tönt, 3e *pers. sing. prés. de l'ind. de* tönen.

Tra, ri, ro, *interj.* tra.

Traben, *v. neut. faible*, trotter, aller au trop.

Tragen, *v. a. fort* (du trägst,

er trägt, trug, *subj.* trüge; getragen), porter.

Trägt, 3e *pers. sing. prés. de l'ind. de* tragen.

Trank, *n. m. gén.* es, *pl.* Tränke, boisson.

Trank, 1re *et* 3e *pers. sing. de l'imparf. ind. de* trinken.

Trank... aus. *Voy.* Austrinken.

Tränklein, *n. neut. gén.* s, *pl. invar.* petite boisson.

Trat, 1re *et* 3e *pers. sing. de l'imparf. ind. de* treten.

Trauer, *n. f. sans pl.* tristesse, deuil.

Traulich, *adj.* familier, intime. ‖ —, *adv.* familièrement, intimement.

Traum, *n. m. gén.* es, *pl.* Träume, songe, rêve.

Traurig, *adj.* triste. ‖ —, *adv.* tristement.

Traut, *adj.* cher, intime; ‖ ein —er Freund, un ami intime.

Treff', *impérat. de* treffen.

Treffen, *v. a. fort* (du triffst, er trifft, traf, *subj.* träfe; getroffen), rencontre, atteindre; ‖ das Ziel —, atteindre le but.

Trefflich, *adj.* excellent, admirable, superbe; ‖ ein —er Mann, un excellent homme. ‖ —, *adv.* parfaitement, admirablement.

Treiben, *v. neut. fort* (trieb, getrieben), pousser, chasser; flotter, nager (*sur l'eau*).

Treibt, 3e *pers. sing. prés. de l'ind. de* treiben.

Trennung, *n. f. pl.* en, séparation, départ.

Treten, *v. neut. fort* (du trittst, er tritt, trat, *subj.* träte; getreten), marcher, marcher sur quelque chose, faire des pas.

Treu, *adj.* fidèle, loyal, attaché. ‖ —, *adv.* fidèlement, loyalement.

Treue, *n. f. sans pl.* fidélité, loyauté; attachement.

Trinken, *v. a. fort* (trank, *subj.* tränke; getrunken), boire.

Tritt, *n. m. gén.* (e)s, *pl.* e, pas, marche; ‖ ... in gleichem Schritt und Tritt,... d'un pas et d'une marche uniformes.

Trommel, *n. f. pl.* n, tambour (la caisse).

Trompete, *n. f. pl.* n, trompette (instrument).

Tropf, *n. m. gén.* (e)s, *pl.* e, sot, niais, pauvre sire, hère; ‖ ... sonst bist du nur ein armer —, autrement tu n'es qu'un pauvre sire.

Tröpfchen, *n. neut. gén.* s, *pl. invar.* petite goutte.

Tropfen, *n. m. gén.* s, *pl. invar.* goutte (*d'eau*, etc.).

Trost, *n. m. gén.* es, *sans pl.* consolation, espoir, espérance; ‖ es ist mein einziger —, c'est mon seul espoir.

Trösten, *v. a. faible*, consoler.

Tröstend, *adj.* consolant.

Trug, *n. m. gén.* (e)s, *sans pl.* tromperie, fausseté.

Trunk, *n. m. gén.* es, *sans pl.* action de boire, un coup, un trait.

Tschako, *n. m. gén.* s, *pl.* s, schako (*coiffure militaire*).

Tummeln, *v. a. faible*, donner de l'exercice. ‖ — (sich), se donner du mouvement, s'exercer.

Turner, *n. m. gén.* s, *pl. invar.* celui qui exerce la gymnastique, gymnaste.

Turnermarsch, *n. m. gén.* es, *pl.* Turnermärsche, marche des gymnastes.

U

U (*pron.* ou), *neut.* u, *voyelle*, 21e *lettre de l'alphabet.*

Ueb', **Uebe**, *impérat. de* üben; ‖ — immer Treu' und Redlichkeit, exerce (pratique) toujours la loyauté et l'honnêteté.

Ueben, *v. a. faible*, exercer, pratiquer.

Ueber, *prép.* (*gouverne le dat. quand il y a repos et l'acc. quand il y a mouvement*), sur, au-dessus de, plus de, pendant, au delà de, de l'autre côté.

Ueberall, *adv.* partout.

Ufer, *n. neut. gén.* s, *pl. invar.* bord, rivage.

Uhr, *n. f. pl.* en, montre.

Um, *prép.* (*gouverne l'acc.*) autour de, à, vers; pour; ‖ einen — etwas bitten, prier quelqu'un pour quelque chose.

Umflechten, *v. a. fort insép.* (du umflichst, er umflicht, umflocht, *subj.* umflöchte; umflochten), entrelacer.

Umflicht, 3e *pers. sing. prés. de l'ind. de* umflechten.

Umgeben, *v. a. fort. insép.* (du umgibst, er umgibt, umgab, *subj.* umgäbe; umgeben), entourer.

Umher, *adv.* autour, à l'entour.

Umhergehen, *v. neut. fort sép.* (*voy.* Gehen), marcher çà et là.

Umsonst, *adv.* pour rien, gratuitement; inutilement, en vain.

Unberührt, *adj.* intact, auquel on n'a pas touché.

Unbestimmt, *adj.* indéterminé, indéfini. ‖ —, *adv.* indéfiniment.

Und, *conj.* et.

Ungenossen, *adj. et adv.* dont on n'a pas eu la jouissance, ce qu'on n'a pas goûté.

Unglück, *n. neut. gén.* (e)s, *pl.* e, malheur.

Uns, *dat. et acc. de* wir.

Unschuld, *n. f. sans pl.* innocence.

Unser, *adj. poss. coll.* 1re *pers. sing.* notre.

Unserm, *dat. masc. et neut. de* unser.

Unsern, *acc. masc. de* unser.

Unsre, **Unsere**, *nom. et acc. fém. sing. et pl. de* unser.

Unten, *adv.* en bas, dessous.

Unter, *prép.* (*gouverne le dat. quand il y a repos et l'acc. quand il y a mouvement*), sous, au-dessous de, parmi, entre.

V

V (*pron.* faou), *neut.* v, 22e *lettre de l'alphabet.*

Vater, *n. m. gén.* s, *pl.* Väter, père.

Vaterland, *n. neut. gén.* (e)s, *pl.* Vaterländer, patrie, pays natal.

Veilchen, *n. neut. gén.* s, *pl. invar.* violette.

Verbannen, *v. a. faible insép.* bannir.

Verbannt, *part. passé et* 3e *pers. sing. prés. de l'ind. de* verbannen.

Verbärgen *ou* **Verbörgen**, 1re *et* 3e *pers. pl. de l'imparf. du subj. de* verbergen.

Verbergen, *v. a. fort insép.* (du verbirgst, er verbirgt, verbarg, *subj.* verbärge *ou* verbörge; verborgen), cacher.

Verbinden, *v. a. fort insép.*

(verband, *subj.* verbände; verbunden), lier, unir, obliger.

Verblühen, *v. neut. faible insép.* défleurir, se faner.

Verblüht, 3e *pers. sing. prés. de l'ind. de* verblühen.

Verfließen, *v. neut. fort insép.* (verfloß, *subj.* verflösse; verflossen), s'écouler, se passer.

Verflossen, *part. pass. de* verfließen.

Vergaß, 1re *et* 3e *pers. sing. de l'imparf. ind. de* vergessen.

Vergessen, *v. a. fort insép.* (du vergissest, er vergißt, vergaß, *subj.* vergäße; vergessen), oublier, omettre.

Vergiß, *impérat. de* vergessen; ‖ vergiß mein nicht, ne m'oublie pas.

Vergißt, 3e *pers. sing. prés. de l'ind. de* vergessen.

Verhallen, *v. neut. faible insép.* se perdre (*le son*).

Verhallt, *part. passé et* 3e *pers. sing. prés. de l'ind. de* verhallen.

Verkenn', *impérat. de* verkennen.

Verkennen, *v. a. fort insép.* (verkannte, *subj.* verkennete; verkannt), méconnaître.

Verklärt, *adj.* transfiguré; radieux.

Verkünden, *v. a. faible insép.* annoncer, publier.

Verkündet, 3e *pers. sing. et* 2e *pers. pl. prés. de l'ind. de* verkünden.

Verschlingen, *v. a. fort insép.* (verschlang, *subj.* verschlänge; verschlungen), enlacer; avaler.

Verschwinden, *v. neut. fort insép.* (verschwand, *subj.* verschwände; verschwunden), disparaître.

Verschwunden, *part. passé de* verschwinden.

Versüßen, *v. a. faible insép.* adoucir.

Versüßt, *part. passé et* 3e *pers. sing. prés. de l'ind. de* versüßen.

Verstehen, *v. a. fort insép.* (verstand, *subj.* verstände; verstanden), comprendre, saisir.

Verstreichen, *v. neut. fort insép.* (verstrich, verstrichen), passer, s'écouler.

Verstrich, 1re *et* 3e *pers. sing. de l'imparf. ind. de* verstreichen.

Vertrauen, *n. neut. gén.* s, *sans pl.* confiance.

Vertreiben, *v. a. fort insép.* (vertrieb, vertrieben), chasser, expulser.

Vertreibt, 3e *pers. sing. prés. de l'ind. de* vertreiben.

Verwandt, *adj.* apparenté, parent; ‖ mit einem — sein, être parent de quelqu'un.

Verwelken, *v. neut. faible insép.* se faner, se flétrir. *Voy.* Verblühen.

Verwelkst, 2e *pers. sing. prés. de l'ind. de* verwelken.

Verwelkt, 3e *pers. sing. prés. de l'ind. de* verwelken.

Verworren, *adj.* embrouillé, confus. ‖ —, *adv.* confusément.

Viel, *adj. et adv.* beaucoup; bien de; ‖ — zu —, beaucoup de trop.

Vogel, *n. m. gén.* s, *pl.* Vögel, oiseau.

Vögelchen, Vögelein, *n. neut. gén.* s, *pl. invar.* petit oiseau.

Vögelschaar, *n. f. pl.* en, grand nombre d'oiseaux.

Volkslied, *n. neut. gén.* (e)s, *pl.* er, chant populaire.

Voll, *adj. et adv.* rempli, plein.

Vollbracht, *part. passé de* vollbringen.

Vollbringen, *v. a. fort insép.*

(vollbrachte, *subj.* vollbrächte; vollbracht), accomplir, achever.
Vollenden, *v. a. faible insép.* achever, terminer, accomplir.
Vollendet, *part. passé de* vollenden.
Vom, *dat. contracté de* von dem.
Von, *prép.* (*gouverne le dat.*), de.
Vor, *prép.* (*gouverne le dat. quand il y a repos, l'acc. quand il y a mouvement*), avant, devant; à cause de.
Vorüber, *adv.* devant, à côté; || — sein, être passé, fini.

W

W (*pron.* vé), *neut.* double v, 23e *lettre de l'alphabet.*
Wabe, *n. f. pl.* n, rayon de miel.
Wach, *adj.* (*ne se décline pas*), éveillé; || — sein, être éveillé; — machen, éveiller, faire éveiller.
Wachsstock, *n. m. gén.* (e)s, *pl.* Wachsstöcke, pain de cire (*dans les ruches*).
Wacker, *adj.* vaillant, brave.
Wahlspruch, *n. m. gén.* (e)s, *pl.* Wahlsprüche, devise; mot d'ordre, de ralliement (*mil.*).
Wahr, *adj.* vrai, certain.
Wahre, 1re *pers. sing. prés. de l'ind., impérat. et* 1re *et* 3e *pers. sing. prés. du subj. de* wahren.
Wahren, *v. a. faible*, conserver, avoir soin de.
Wald, *n. m. gén.* es, *pl.* Wälder, forêt.
Waldbeschwer. *Voy.* Feld- und Waldbeschwer.
Wälder, *pl. de* Wald.
Waldesduft, *n. m. gén.* es, *pl.* Waldesdüfte, odeur suave de la forêt.
Waldhorn, *n. neut. gén.* (e)s, *pl.* Waldhörner, cor de chasse.
Waldlied, *n. neut. gén.* es, *pl.* er, chanson de forêt.
Waldrevier, *n. neut. gén.* s, *pl.* e, district, étendue de la forêt.
Wallen, *v. neut. faible*, marcher, aller en pèlerinage; ondoyer; bouilloner.
Wallt, 3e *pers. sing. prés. de l'ind. de* wallen.
Wallt... nach. *Voy.* Nachwallen.
Wand, *n. f. pl.* Wände, mur, paroi; || an den Wänden, aux murs.
Wandelt... an. *Voy.* Anwandeln.
Wänden, *dat. pl. de* Wand.
Wandern, *v. neut. faible*, voyager (*en allant à pied*).
Wandern, *n. neut. gén.* s, *sans pl.* voyage, tour.
Wandern... durch. *Voy.* Durchwandern.
Wanderschaft, *n. f. pl.* en, voyage, tour; || auf — gehen, faire un voyage (*en allant à pied*); faire son tour de France.
Wange, *n. f. pl.* n, joue.
War, 1re *et* 3e *pers. sing. de l'imparf. ind. du v.* sein.
Wär', Wäre, 1re *et* 3e *pers. sing. imparf. du subj. du v.* sein.
Wärest, Wärst, 2e *pers. sing. imparf. du subj. du v.* sein.
Warf... ab. *Voy.* Abwerfen.
Warm, *adj.* chaud. || —, *adv.* chaudement.
Warnen, *v. a. faible*, avertir, prévenir.
Warnend, *adj. et part. prés.* qui avertit, avertissant, prévenant.
Warst, 2e *pers. sing. de l'imparf. ind. du v.* sein.
Warten, *v. neut. faible*, attendre.

|| —, *v. a.* soigner, avoir soin.

Warte, 1re *pers. sing. prés. de l'ind.* 1re *et* 3e *pers. sing. prés. du subj. et impérat. de* warten.

Was, *pron. interrog.* quoi, que. || —, *pron. rel.* que, ce que, ce qui.

Wasser, *v. neut. gén.* s, *sans pl.* eau.

Wasserfahrt, *n. f. pl.* en, promenade sur l'eau.

Wasserflut, *n. f. sans pl.* inondation; déluge.

Wasserglas, *n. neut. gén.* es, *pl.* Wassergläser, verre à eau.

Waten... durch. *Voy.* Durchwaten.

Waten... einher. *Voy.* Einherwaten.

Wecken, *v. a. faible*, éveiller, réveiller.

Weg, *n. m. gén.* (e)s, *pl.* e, chemin, route; || auf den Wegen, sur les chemins.

Weggerissen, *part. passé de* wegreißen.

Wegnehmen, *v. a. fort sép.* (*voy.* Nehmen), enlever, prendre, ôter.

Wegreißen, *v. a. fort. sép.* (riß weg, weggerissen), arracher, enlever (de force).

Weh, *interj.* ah! malheur!

Weh, *n. neut. gén.* es, *pl.* e, mal, malheur.

Wehen, *v. imp.* souffler (*en parl. du vent*).

Wehren, *v. a. faible*, défendre; résister.

Wehrte, 1re *et* 3e *pers. sing. de l'imparf. ind. de* wehren.

Weht, 3e *pers. sing. prés. de l'ind. de* wehen.

Weiche, 1re *pers. sing. prés. de l'ind.* 1re *et* 3e *pers. prés. du subj. et impérat. de* weichen.

Weiche... ab. *Voy.* Abweichen.

Weichen, *v. neut. fort* (wich, gewichen), céder, fléchir; reculer, se retirer.

Weide, *n. f. pl.* n, pâturage, prairie.

Weih, Weihe, *n. f. pl.* en, milan. (Dans le passage suivant, Weih au masc. est pris pour *aigle* : Wie im Reich der Lüfte König ist der Weih,..... de même que dans le royaume des airs l'*aigle* est roi.....)

Weihen, *v. a. faible*, vouer, consacrer.

Weihnachtszeit, *n. f. pl.* en, temps de Noël.

Weil, *conj.* parce que.

Weilen, *v. neut. faible*, demeurer, rester, s'arrêter.

Weilt, 3e *pers. sing. prés. de l'ind. de* weilen.

Wein, *n. m. gén.* es, *pl.* e, vin.

Weine, 1re *pers. sing. prés. de l'ind.* 1re *et* 3e *pers. prés. du subj. et impérat. de* weinen.

Weinen, *v. neut. faible*, pleurer.

Weint, 3e *pers. sing. prés. de l'ind. de* weinen.

Weiß, 1re *et* 3e *pers. sing. prés. de l'ind. de* wissen.

Weit, *adj.* large, loin, dilaté; || er geht in die weite Welt, il va (voyage) au loin (sur la grande terre).

Weiter, *comp. de* weit.

Weiterspringen, *v. neut. fort sép.* (*voy.* Springen), s'en aller en sautant, courir au loin.

Weizen, *n. m. gén.* s, *sans pl.* froment.

Welch, *pron. rel. et interrog.* qui, que; quel, quelle.

Welchen, *acc. m. de* welch, welcher.

Welcher, Welche, Welches, *pron. interrog.* quel, quelle. || —, *pron. rel.* qui, lequel, laquelle.

Welken, *v. a. faible*, faner, flétrir. ‖ —, *v. neut.* se faner, se flétrir.

Welkst, 2e *pers. sing. prés. de l'ind. de* welken.

Welkt, 3e *pers. sing. prés. de l'ind. de* welken.

Welle, *n. f. pl.* n, onde, lame, vague.

Welt, *n. f. pl.* en, monde.

Wenden, *v. a. faible et fort* (du wandtest, *subj.* wendete; gewandt), tourner; diriger (sur). ‖ — (sich), se tourner.

Wenig, *adv.* peu; ‖ sehr —, très-peu; ein —, un peu.

Wenn, *conj.* si, quand, lorsque.

Wer, *pron. interrog.* qui. ‖ —, *pron. rel.* qui, quiconque; quel qu'il soit.

Werden, *v. auxil.* (du wirst, er wird, wurde *et* ward, *subj.* würde; geworden), devenir.

Werfen, *v. a. fort* (du wirfst, er wirft, warf, *subj.* würfe; geworfen), jeter.

Werk, *n. neut. gén.* es, *pl.* e, œuvre, ouvrage.

Werth, *adj.* qui vaut, valoir, qui coûte, cher.

Werth, *n. m. gén.* es, *sans pl.* valeur, prix.

Werthhalten, *v. a. fort sép.* (*voy.* Halten *et* Werth), estimer, affectionner.

West. *Voy.* Westwind.

Westwind, *n. m. gén.* (e) s, *pl.* e, vent d'ouest.

Wie, *adv.* comment, combien. ‖ —, *conj.* comme.

Wieder, *adv.* de nouveau, encore.

Wiedergeben, *v. a. fort sép.* (*voy.* Geben), rendre.

Wiederhall, *n. m. gén.* es, *sans pl.* écho.

Wiederhallen, *v. a. faible sép.* retentir (*l'écho*), résonner.

Wieder hergeben, *v. a. fort sép.* (*voy.* Geben), redonner, rendre. ‖ Gib mir die Gans wieder her, rends-moi l'oie.

Wiederschallen, *v. n. faible sép.* résonner, retentir.

Wiederschauen, *v. neut. faible sép.* contempler, regarder de nouveau, revoir.

Wiedersehen, *v. a. fort sép.* (du siehst wieder, er sieht wieder, sah wieder, wiedergesehen), revoir.

Wiedersehen, *n. neut. gén.* s, *sans pl.* le revoir.

Wiederum, *adv.* de nouveau, encore (une fois).

Wiese, *n. f. pl.* n, prairie.

Wiewohl, *conj.* quoi que, bien que.

Wild, *adj.* sauvage, brutal.

Wilde, *n. neut. gén.* n, *sans pl.* contrée stérile et déserte; aspect sauvage.

Wildem, *dat. sing. m. et neut. de* wild.

Wildpret, *n. neut. gén.* s, *sans pl.* gibier.

Will, 1re *et* 3e *pers. sing. prés. de l'ind. de* wollen.

Wind, *n. m. gén.* es, *pl.* e, vent.

Winkel, *n. m. gén.* s, *pl. invar.* angle.

Winken, *v. neut. faible*, faire signe.

Winkt, 3e *pers. sing. prés. de l'ind. de* winken.

Winter, *n. m. gén.* s, *pl. invar.* hiver.

Winter-Kälte, *n. f. sans pl.* froid d'hiver.

Wintertag, *n. m. gén.* (e) s, *pl.* e, jour d'hiver.

Wipfel, *n. m. gén.* s, *pl. invar.* cime, sommet (d'un arbre).

Wir, *pron. pers.* 1re *pers. pl.* nous.

Wird, 3e *pers. sing. prés. de l'ind. de* werden.

Wirf, *impérat. de* werfen.

Wirf... ab. *Voy.* Abwerfen.

Wirst, 2e *pers. sing. prés. de l'ind. de* werden.

Wisse, *impérat. et* 1re *et* 3e *pers. sing. prés. du subj. de* wissen.

Wissen, *v. a. irrég.* (ich weiß, du weißt, wußte, *subj.* wüßte; gewußt), savoir, connaître.

Wisset, 2e *pers. pl. prés. de l'ind. et subj. de* wissen.

Wo, *adv.* où. || — *conj.* si.

Woge, *n. f. pl.* n, vague.

Wohin, *adv.* où, à quel endroit.

Wohl, *adv.* bien.

Wohlgefallen, *v. neut. fort sép.* (*voy.* Gefallen), plaire (bien).

Wohlgefallen, *n. neut. gén.* s, *sans pl.* plaisir, satisfaction, contentement.

Wohlgefiel, *imparf. de* wohlgefallen.

Wohlgemuth, *adj.* de bonne humeur, bien disposé, content.

Wohnen, *v. neut. faible*, demeurer, habiter; séjourner.

Wohnt, 3e *pers. sing. prés. de l'ind. de* wohnen.

Wolf, *n. m. gén.* (e)s, *pl.* Wölfe, loup.

Wolke, *n. f. pl.* n, nuage.

Wollen, *v. neut. fort* (*n'a d'irrég. que le sing. du présent* : ich will, du willst, er will, *part.* gewollt), vouloir, permettre.

Wonne, *n. f. sans pl.* grande joie, ravissement.

Wort, *n. neut. gén.* es, *pl.* e, parole, mot. || —, *pl.* Wörter, mot (*seul*); Wörterbuch, dictionnaire.

Wunderbar, *adj.* miraculeux, merveilleux, prodigieux.

Wundersam, *adj.* miraculeux, merveilleux, prodigieux.

Wunderschön, *adj.* beau à ravir (*litt.* merveilleusement beau).

Wünschen, *v. a. faible*, désirer, souhaiter.

Wünschet, 2e *pers. pl. prés. de l'ind. et du subj. de* wünschen.

Wünscht, 3e *pers. sing. prés. de l'ind. de* wünschen.

X

X, *neut.* x, 24e *lettre de l'alphabet.*

Y

Y, **Ypsilon** (*prononcez* ipsilonne), *n.* y, 25e *lettre de l'alphabet.*

Z

Z (*pron.* tzett), *neut.* z, 26 *lettre de l'alphabet.*

Zahl, *n. f. pl.* en, nombre, chiffre.

Zählen, *v. a. faible*, compter (chiffrer).

Zähre (*poét. pour* Thräne), *n. f. pl.* n, larme.

Zart, *adj.* tendre, doux, sensible. || —, *adv.* tendrement.

Zaum, *n. m. gén.* (e)s, *pl.* Zäume, bride.

Zeigen, *v. a. faible*, montrer, faire voir. || — (sich), se montrer.

Zeigst, 2e *pers. sing. prés. de l'ind. de* zeigen.

Zeigt, 3e *pers. sing. prés. de l'ind. de* zeigen.

Zeit, *n. f. pl.* n, temps, saison; || es ist — um ..., il est temps de...

Zeitvertreib, *n. m. gén.* (e) s,

sans pl. passe-temps, amusement.

Zephyr, *n. m. gén.* s, *pl.* e, zéphyr (*vent*); ‖ ..... auf Zephyrs Flügeln, sur les ailes du zéphyr.

Zickzackzug, *n. m. gén.* (e) s, *pl.* Zickzackzüge, vol, passage en zigzag; ‖ ..... die Schnepf' im — e, treff' ich mit Sicherheit,... la bécasse, dans son passage (vol) en zigzag, je l'atteint avec sûreté.

Zieh... durch. *Voy.* Durchziehen.

Zieh'... zurück. *Voy.* Zurückziehen.

Ziehe... dahin. *Voy.* Dahinziehen.

Ziehen, *v. a. fort* (zog, *subj.* zöge; gezogen), tirer, traîner. ‖ —, *au fig.* voyager. Ziehen und wandern, von einem Ort zum andern, ils vont et viennent (voyagent) d'un endroit à l'autre.

Ziehn... fort. *Voy.* Fortziehen.

Zieh'n...hinaus, Zieht... hinaus. *Voy.* Hinausziehen.

Zieht, 3e *pers. sing. prés. de l'ind. de* ziehen.

Ziel, *n. neut. gén.* (e) s, *pl.* e, but; ‖ das Ziel erreichen, atteindre le but.

Zierde, *n. f. pl.* n, ornement; parure. ‖ —, *au fig.* goût.

Zieren, *v. a. faible*, orner, décorer.

Zogst... groß. *Voy.* Großziehen.

Zorn, *n. m. gén.* (e) s, *sans pl.* colère.

Zu, *prép.* (*gouv. le dat.*), chez, auprès de, dans, en, pour.

Zudrücken, *v. a. faible*, fermer.

Zug, *n. m. gén.* (e) s, *pl.* Züge, cours, passage, vol (*des oiseaux, des nuages, etc.*).

Zugehen, *v. neut. fort sép.* (*voy.* Gehen), aller, se diriger vers.

Zügel, *n. m. gén.* s, *pl. invar.* bride, rêne.

Zum, *dat. contracté de* zu dem.

Zur, *dat. contracté de* zu der.

Zurück, *adv.* en arrière, derrière.

Zurückdenken, *v. neut. irr. sép.* (*voy.* Denken), se souvenir, se rappeler (*d'une chose passée*).

Zurückkehren, *v. neut. faible sép.* retourner, revenir.

Zurückziehen, *v. a. fort sép.* (*voy.* Ziehen), retirer. ‖ — (sich), se retirer.

Zusausen, *v. neut. faible sép.* bruire, siffler (vers); ‖ der Wind, ... saust ihm Entsetzen zu, le vent..., lui inspire (*litt.* siffle) de l'horreur.

Zuschießen, *v. n. fort sép.* (*voy.* Schießen), tirer, tirer coup sur coup.

Zuschließen, *v. n. fort sép.* (schloß zu, *subj.* schlösse zu; zugeschlossen), fermer (à clef).

Zusehen, *v. neut. fort* (du siehst zu, er sieht zu, *subj.* sähe zu; zugesehen), regarder; voir.

Zuströmen, *v. neut. faible sép.* affluer, arriver par flot.

Zwar, *adv.* sans doute, à la vérité.

Zwei, *n. de nombre card.* deux.

Zweig, *n. m. gén.* es, *pl.* e, branche.

Zweigen, *dat. pl. de* Zweig.

Zwieback, *n. m. gén.* (e) s, *pl.* e, biscuit.

Zwitschern, *n. neut. gén.* s, *sans pl.* gazouillement, ramage (*des oiseaux*).

FIN DU VOCABULAIRE.

EXTRAIT DU CATALOGUE

DE LA LIBRAIRIE HACHETTE ET CIE

Chamisso : *Peter Schlemihl*. Édition publiée avec des notes en français, par M. Koch. 1 vol. petit in-16, cartonné . . . . 1 fr.

Contes et morceaux choisis de Schmid, Krummacher, Liebeskind, Lichtwer, Hebel Herder et Campe. Nouveau recueil publié et annoté en français par M. Scherdlin, professeur au lycée Charlemagne. 1 vol. petit in-16, cartonné . . . . 2 fr.

Contes populaires tirés de Grimm, Musæus, Andersen, et des *Feuilles de Palmier* **de Herder et Liebeskind**, par M. Scherdlin. 1 vol. petit in-16, cart. 3 fr.

Desfeuilles : *Abrégé de grammaire allemande* ; 3e édition. 1 vol. in-12, cart. 1 fr. 50

— *Exercices sur l'abrégé de grammaire allemande*. Première partie : Éléments du langage. 1 vol. in-12, cartonné. . . . . 1 fr. 50

— *Corrigé des exercices*. 1 vol. in-12. 2 fr.

Eichhoff : *Cours de versions allemandes*, à l'usage des classes de grammaire, étude préparatoire aux *Morceaux choisis* du même auteur. 1 vol. in-12, cartonné . . . . 2 fr.

— *Morceaux choisis* en prose et en vers des classiques allemands, publiés pour répondre aux programmes des lycées. 3 vol. in-12, cartonnés.

1er vol. : Cours de Troisième. . . . [illegible]

2e vol. : Cours de Seconde . . . . 2 fr. 50

3e vol. : Cours de Rhétorique . . . . . 3 fr.

— *Cours de thèmes allemands*, précédé d'un résumé de grammaire. 1 vol. in-12, cart. 2 fr.

Fix : *Dictionnaire allemand-français et français-allemand*. 1 fort vol. in-8, cartonné . . . . [illegible]

Gœthe : [illegible] Texte allemand, annoté par [illegible] in-12, cartonné. . . . . 1 fr.

— *Iphigénie en Tauride*. Texte allemand, annoté par M. Lévy. 1 vol. in-12, cart. 1 fr. 50

— *Campagne de France et siége de Mayence*. Texte allemand annoté par M. Lévy. 1 vol. petit in-16, cartonné . . . . 2 fr.

— *Le Tasse*. Texte allemand, annoté en français, par M. Lévy. 1 vol. petit in-16, cart. 1 fr. 80

— *Morceaux choisis*, publiés et annotés par M. Lévy. 1 fort vol. petit in-16, cartonné 3 fr.

Koch (L.), professeur au lycée Saint-Louis : *La classe en allemand*, nouveaux dialogues à l'usage des lycées et colléges. 1 vol. petit in-16, cartonné. . . . . 1 fr. 25

Lectures géographiques. — Textes extraits des écrivains allemands, par M. Kuhff. 1 vol. in-12, avec des cartes intercalées dans le texte, cartonné . . . . 3 fr.

Lessing : *Fables* en prose et en vers. Édition annotée par M. Boutteville. 1 vol. in-12, cartonné. . . . . 1 fr.

Lessing : *Dramaturgie*. Extraits publiés avec des notices et des notes en français, par M. Cottler, professeur au lycée Louis-le-Grand. 1 vol. petit in-16, cartonné. . . . . 1 fr. 50

— *Lettres sur la littérature moderne et sur l'art ancien*. Extraits publiés avec des notices et des notes en français, par M. Cottler. 1 vol. petit in-16, cartonné. . . . . 2 fr.

— *Laocoon*. Texte allemand, édition annotée par M. [illegible] petit in-16, cart. 2 fr. 50

— *Minna de Barnhelm*. Texte allemand annoté par M. Lévy. 1 vol. petit in-16, cart. 1 fr. 50

Lévy (B.), inspecteur général de l'enseignement des langues vivantes : *Exercices de conversation allemande*. 3 vol. in-12, cart. :

I. *Exercices sur les parties du discours*, à l'usage des cours élémentaires. 1 vol. 1 fr. 25

II. *Sujets de conversation*, à l'usage des cours moyens. 1 vol. . . . . 1 fr. 75

III. *Sujets de conversation*, à l'usage des cours supérieurs. 1 vol. . . . . . . 3 fr.

— *Recueil de lettres allemandes*, accompagné de notes en français. 1 vol. in-12, cart. 2 fr.

— *Le même ouvrage*, reproduit en écritures autographiques pour exercer à la lecture des manuscrits allemands. 1 vol. in-8, cart. . 3 fr. 50

Lévy (J.) : *Méthode rationnelle d'écriture allemande*. 1 vol. petit in-18, cart. . . 25 c.

— *Cours d'écriture allemande suivant la méthode rationnelle*, composé de 5 cahiers in-4° couronne. Chaque cahier. . . . . . . 15 c.

Niebuhr : *Histoires tirées des temps héroïques de la Grèce*. Texte allemand annoté par M. Koch. 1 vol. petit in-16, cart. 1 fr. 50

Schiller : *Histoire de la guerre de Trente ans*. Texte allemand annoté par MM. Schmidt et Leclaire. 1 vol. petit in-12, cart. . 2 fr. 50

— *Guillaume Tell*, drame. Texte allemand annoté par M. Th. Fix. 1 vol. in-12, c. 1 fr. 50

— *Marie Stuart*, tragédie. Texte allemand annoté par M. Fix. 1 vol. in-12, cart. . 1 fr. 50

— *Morceaux choisis*, publiés avec des notices et des notes en français par M. Lévy. 1 vol. petit in-16, cartonné. . . . . 3 fr.

— *Wallenstein*, poëme dramatique en trois parties. Texte allemand annoté par M. Cottler. 1 vol. petit in-16, cartonné. . . . . 2 fr. 50

Schiller et Gœthe : *Extraits de leur correspondance*. Texte allemand annoté en français par M. B. Lévy. 1 vol. petit in-16, cartonné. . . . . 3 fr.

Schmid : *Les Œufs de Pâques*. Texte allemand, annoté en français par M. Scherdlin. 1 vol. petit in-16, cartonné. . . . . 1 fr. 50

— PARIS. — IMP. DE E. MARTINET, RUE MIGNON, 2.

www.ingramcontent.com/pod-product-compliance
Ingram Content Group UK Ltd.
Pitfield, Milton Keynes, MK11 3LW, UK
UKHW021043200726
13857UKWH00003B/789